Orar 15 dias com
FRANCISCO DE ASSIS

FREI THADDÉE MATURA, O.F.M.

Orar 15 dias com
FRANCISCO DE ASSIS

Tradução de Pe. José Augusto da Silva, C.Ss.R.

EDITORA
SANTUÁRIO

Direção Geral:	Pe. Luís Rodrigues Batista, C.Ss.R.
Direção Editorial:	Pe. Flávio Cavalca de Castro, C.Ss.R
	Pe. Carlos Eduardo Catalfo, C.Ss.R.
Coordenação Editorial:	Elizabeth dos Santos Reis
Coordenação de Revisão:	Maria Isabel de Araújo
Revisão:	Ana Lúcia de Castro Leite
Diagramação:	Alex Luis Siqueira Santos
Capa:	Marco Antônio Santos Reis

Título original: *Prier 15 jours avec François D'Assise*
© Nouvelle Cité, Paris 1994
ISBN 2-85313-265-X

Dados Internacionais de Catalogação na Publicação (CIP)
(Câmara Brasileira do Livro, SP, Brasil)

Matura, Thaddée
    Orar 15 dias com Francisco de Assis / Thaddée Matura; (tradução José Augusto da Silva) — Aparecida, SP: Editora Santuário, 1999. (Coleção Orar 15 dias, 4)

    Título original: Prier 15 jours François d'Assise.
    Bibliografia
    ISBN 85-7200-641-9

    1. Francisco de Assis, 1182-1226 – Livros de oração e devoção 2. Literatura devocional I. Título. II. Série.

99-3361   CDD-242.2

Índices para catálogo sistemático:

1. Meditações e orações para uso diário: Cristianismo 242.2

5ª impressão

Todos os direitos em língua portuguesa
reservados à **EDITORA SANTUÁRIO** – 2021

Rua Padre Claro Monteiro, 342 – 12570-000 – Aparecida-SP
Tel.: 12 3104-2000 – Televendas: 0800 016 00 04
www.editorasantuario.com.br
vendas@editorasantuario.com.br

INTRODUÇÃO

A fisionomia e a mensagem de Francisco

Passar quinze dias com Francisco (1182-1226), isso quer dizer conhecer sua vida extraordinária, maravilhar-se com ela, tirar algum estímulo para nosso comportamento pessoal? Ao olhar sua fascinante figura somos tentados a fazê-lo, identificando assim sua fisionomia com sua mensagem.

Nestas páginas tomamos um outro rumo: Francisco deixou uma mensagem distinta de sua pessoa, dirigida a seus contemporâneos, mas também aos homens de todos os tempos. Essa mensagem não propõe seu exemplo pessoal, traça um caminho balizado pelo Evangelho e que se oferece a todo crente. Este apelo de Francisco ao homem de hoje está contido nos escritos que Francisco deixou; ele é "autor espiritual".

Francisco, "autor espiritual"?

Falar de Francisco como autor espiritual surpreende. Não é um personagem fora de série, sem cultura escolar, apenas sabendo ler e escrever o latim, língua "oficial" da época?

E contudo, desse homem "ignorante e sem estudos", como ele mesmo se designa várias vezes, a tradição, solidamente fundada, conservou umas trinta peças escritas, de diferentes tamanhos, formando uma coleção de uma boa centena de páginas. Conservaram-se até preciosamente dois textos redigidos por sua mão em pedaços de pergaminho. Em comparação, São Domingos, seu contemporâneo, apesar de clérigo sábio, não deixou quase nenhum escrito de importância. Todos os textos, exceto dois (*Cântico do Irmão Sol* e *Exortação às Pobres Damas*), escritos em dialeto úmbrio, são redigidos em latim muito simples, para não dizer primário, às vezes incorreto.

Esta coleção, compreendendo vários gêneros literários (poemas, regras, cartas, orações), é contudo de uma grande unidade de inspiração, de estilo, de conteúdo sobretudo. Não são peças desconexas; sente-se por detrás delas uma personalidade forte; com meios pobres, conseguem dizer, melhor ainda, sugerir com felicidade as realidades fundamentais que fazem a vida do homem acolhedora do Evangelho.

Francisco tinha uma consciência viva da importância de seus escritos: ele os considera como *"as próprias palavras de Jesus Cristo e as palavras do Espírito Santo";* insiste em sua leitura, sua memorização; sugere que façam cópias para fazê-los conhecidos por outros. Dirige sua mensagem aos homens de todas as categorias *"que são e que serão",* de todos os tempos e de todos os lugares. Ora, estranhamente, no curso dos séculos, essa mensagem escrita não foi levada em conta como merecia.

Piedosamente conservados e transcritos — como testemunham várias centenas de manuscritos entre os séculos XIII e XV — os textos de Francisco não começaram a ser estudados seriamente como fonte principal e fundamental de sua visão espiritual, senão nesses últimos trinta anos. É como se a fisionomia de Francisco — celebrada, engrandecida, idealizada pela hagiografia antiga e moderna — tivesse ocultado sua mensagem, mensagem que não tem por objeto nem sua pessoa nem seu itinerário particular. Esses escritos não nos informam quase nada sobre Francisco — que é objeto dos estudos hagiográficos — mas fazem-nos ver sua concepção de Deus, do homem e sua maneira de olhar a vida segundo o Evangelho.

A este título, os escritos são de um valor insubstituível para fazer-nos entrever o que o fazia viver e introduzir-nos assim nas próprias fontes da atitude espiritual franciscana.

Francisco, mestre de vida espiritual

Antes de tudo, os textos de Francisco nos parecem intemporais. Não só neles pouco se trata do próprio Francisco, mas as agitações do início do século XIII, no qual se enraízam, neles quase não encontram eco. Além de tais atitudes concretas propostas aos cristãos e aos irmãos (pobreza radical, trabalho, mendicidade) e que são bem de seu tempo, são sempre as raízes profundas que são visadas. Esses textos são evangélicos, no sentido que, como os evangelhos, tocam algo de eterno, de permanente no homem: sua humanidade de miséria, amada por Deus, chamada à vida. Em outras palavras, os escritos de Francisco são essencialmente escritos espirituais revelando ao homem o rosto de Deus, bem como o seu próprio, e convidando-o a seguir, na pobreza e na alegria interiores, os passos do Cristo.

A fonte principal, muito explicitamente sublinhada, em que Francisco bebe sua inspiração e o conteúdo teológico e espiritual de seus temas, é a Escritura da Antiga e da Nova Aliança, mediatizada pela liturgia. Alguns textos não são mais que uma longa lista de citações judiciosamente escolhidas e formando um todo coerente.

Essas poucas indicações bastam para descobrir em Francisco um verdadeiro mestre espiritual, de um gênero particular, já que se trata de um leigo sem formação escolar. Fora alguns Padres do deserto, cujos ditos são-nos relatados — apotegmas — e dos quais vários não tinham, de fato, cultura teológica, não há figura masculina de escritor desse tipo na tradição cristã. Francisco está mais próximo de certas personalidades femininas da Idade Média, uma Ângela de Foligno, uma Catarina de Sena — ambas iletradas — e em nossos dias de uma Teresa de Lisieux, do que de Agostinho, de Bernardo, de João da Cruz, doutores e sábios.

Contudo, porque ele é simples, porque nos repete o Evangelho sem ser muito marcado por uma época particular e por sua cultura, sua mensagem atinge-nos mais facilmente que a de uma grande figura: ela aparece imediata e atual.

Os textos apresentados e comentados aqui não interessam diretamente a Francisco, à sua vida, à sua obra. Provêm todos de seus escritos e propõem um itinerário espiritual: descoberta de si, do próximo e acima de tudo do mistério do Deus Trinitário, centro de toda vida cristã. São os textos de Francisco e não os textos sobre Francisco que nos acompanharão ao longo desses 15 dias.

SIGLAS UTILIZADAS

Adm	*Admonições*
AP	*Alegria perfeita*
AS	*Antífona* (Salmos dos mistérios do Senhor Jesus)
BBe	*Bênção a Frei Bernardo*
BL	*Bênção a Frei Leão* (Bilhete a Frei Leão)
CA	*Carta a Santo Antônio*
CC	*Carta aos custódios*
CCl	*Carta aos clérigos*
CCP	*Carta aos chefes dos povos*
CF	*Carta aos fiéis*
CL	*Carta a Frei Leão*
CM	*Carta a um ministro*
CO	*Carta à Ordem*
CS	*Cântico do Irmão Sol*
ELD	*Exortação ao Louvor de Deus*
EPD	*Exortação às Pobres Damas*
FV	*Forma de Vida* (Fragmentos da regra de Santa Clara)
LD	*Louvores de Deus* (Bilhete a Frei Leão)
LH	*Louvores para as horas*
OC	*Oração diante do Crucifixo de São Damião*
RC	*Regra dos conventos*
1 Reg	*Regula non bullata* (1ª Regra)
2 Reg	*Regula bullata* (2ª Regra)
SM	*Salmos dos mistérios do Senhor Jesus*
SV	*Saudação à Virgem*
SVr	*Saudação das virtudes*
Test	*Testamento*
TS	*Testamento de Sena*
UV	*Última vontade* (Fragmentos da regra de Santa Clara)

QUINZE DIAS
COM FRANCISCO

Os quinze dias de oração que vamos passar com Francisco querem ser uma iniciação em sua visão espiritual. Entre seus escritos, escolhemos e apresentamos um certo número numa espécie de antologia. A apresentação e a maneira de articulá-la são evidentemente arbitrárias; situam-se, contudo, cremos, na mesma perspectiva de Francisco.

Com ele colocamo-nos a caminho, suplicando a Deus que ilumine as trevas de nossos corações *(1º dia)*. A luz de Deus nos revelará, primeiramente, o que é o homem *(2º dia)* e como o caminho da suprema pobreza conduz à verdadeira alegria *(3º dia)*. Ela nos fará ver ainda em todo homem um irmão a ser amado *(4º dia)*, ainda que fosse o maior pecador *(5º dia)*.

Lançando a seguir seu olhar sobre Deus, Francisco propõe um itinerário espiritual *(6º dia)* e explica-nos o que é o coração puro que *"não cessa de adorar e de ver o Senhor Deus"* *(7º dia)*. Vai desenvolver-se, então, uma imensa visão oferecida à nossa contemplação: o Pai e sua obra *(8º dia)*; o mistério de Jesus, Verbo do Pai *(9º dia)*; Maria, a Gloriosa Senhora e os santos *(10º dia)*, enfim, a beleza de que Deus reveste todas as criaturas nossas irmãs *(11º dia)*.

Indo ainda mais fundo, Francisco descreve o que é o verdadeiro conhecimento espiritual: aquele em que o Espírito faz-nos ver o Pai e o Filho em seu ser divino *(12º dia)*. Então de seu coração — e do nosso — brotará o encantamento, o puro louvor *(13º dia)*. Um convite apaixonado, dirigido a todos os homens, orientar-nos-á para *"o único necessário: o desejo e o prazer de Deus" (14º dia)*. O resultado supremo será nada reservar, nada reter para si, mas tudo entregar a Deus em ação de graças *(15º dia)*.

O leitor que tem de Francisco um conhecimento anedótico, baseado em biografias, sem dúvida, ficará admirado com a densidade da mensagem espiritual de seus escritos. É uma mensagem *teologal*, fortemente centrada no mistério de Deus em sua comunhão trinitária e do homem que lhe é inseparável. A abordagem de Francisco não é subjetiva ao descrever a repercussão do trabalho de Deus na alma e as reações psicológicas humanas que ele provoca; é *objetiva*, tratando, com certa distância, o que é. Sua visão é *mística*, no sentido que esta palavra tinha entre os Padres da Igreja. Visão que contempla e desvela o *mistério* de Deus tal qual é em si mesmo e em sua obra, cujo cimo é o homem, sem que pare nas descrições subjetivas psicológicas. Notar-se-á também que é uma espiritualidade *doxológica*: exprime-se não numa linguagem abstrata e seca, mas num canto de louvor, e num estilo poético.

Primeiro dia

PÔR-SE A CAMINHO

A glória de Deus e as trevas do coração

Deus soberano e glorioso,
ilumina as trevas de meu coração
e dá-me a fé direita,
   a esperança certa
   e a caridade perfeita,
   o sentido e o conhecimento,
Senhor,
para que eu cumpra teu mandamento santo e verídico.

Oração diante do Crucifixo de São Damião

O primeiro, sem dúvida, e portanto o mais antigo dos textos de Francisco que chegou até nós é uma oração, que se situa nos inícios de seu itinerário espiritual. Ele acaba de romper (cerca de 1206) com sua vida anterior, vida de ambição e de conforto, mas não sabe ainda para qual caminho Deus o chama. Numa capela abandonada onde vaga em busca de luz, Francisco descobre um grande ícone do Crucificado, representado na glória de sua paixão, o rosto sereno, os grandes olhos abertos e acima de sua cabeça a mão do Pai que já o eleva aos céus da Ascensão. É o primeiro encontro do Glorioso e do Obscuro; a irradiação de um revela as trevas do outro.

A oração que sobe, então, do coração de Francisco, oração que ele devia repetir, memorizar e transmitir mais tarde a seus irmãos, é uma oração de partida, de pôr-se a caminho. Ela concerne a todo homem em busca. E quem não está?

É um texto breve, muito simples, de uma aparência quase banal. Contudo, ao vê-la de perto, ao meditá-la, ao apropriar-se dela, descobre-se sua densidade.

No centro, dominando toda a cena, impõe-se a figura de *Deus, Senhor, soberano e glorioso*. O mistério escondido, quando pouco a pouco se revela ao homem, deixa perceber primeiro sua majestosa grandeza. Ele é *Deus*: nome genérico para designar o que escapa a toda compreensão, a toda denominação; ele é *Senhor*: aquele diante de quem o homem percebe-se dependente e servidor. *Soberano* ou Altíssimo, elevado e em si inacessível, irradia esplendor, é *glorioso*, magnífico em seu brilho. Esta visão, contudo, que teria com que aterrorizar e afastar o homem, é temperada pelas palavras que seguem: *ilumina, doa*. O brilho da majestade não cega: difunde-se como uma doce luz que alegra e consola. Aquele que é chamado Deus sem nome, Senhor, é bom e generoso para o homem; pode e quer doar o que mendigando este lhe pedir.

Eis aí, diante desse poder e glória — que é o próprio Deus, mesmo sob a figura do Crucificado já exaltado — um coração em trevas: *as trevas de meu coração*. O *coração* é o que há de mais central e de mais profundo no homem. É seu centro de unidade do qual brotam e para o qual convergem todos os desejos e todas as forças que constituem o ser humano; é a identidade e a verdade de cada um, em seu ponto mais pessoal e mais incomunicável. Contudo, este centro de gravidade da pessoa, última profundeza e peso que arrasta, está recoberto de trevas.

Quais são essas *trevas do coração*? Pode-se discernir três zonas concêntricas. A primeira é a ignorância de seu verdadeiro eu, tal como é aos olhos de Deus. O homem ignora sua extraordinária grandeza: ser imagem de Deus e de seu Filho feito carne, tanto em sua alma como em seu corpo (Adm 5). Ignora também sua extrema pobreza de ser, seus limites, sua dependência, pelo fato de não ser Deus. Não saber o que se é, ser cego em relação à sua incomparável dignidade como à sua inexprimível pequenez, eis as trevas que cobrem o coração.

Se essa primeira treva concerne ao ser humano em sua condição de criatura, mistura inextricável de nobreza e de insignificância, há uma outra treva de conotação moral. É o mundo confuso do mal que habita todo coração humano. De fato, é "do coração que brotam todos os males", como diz o Senhor no Evangelho (Mc 7,21), que Francisco se compraz em citar várias vezes (1 Reg 22,7; 2 CF 37). O que está no centro da pessoa, o coração, assemelha-se às vezes a um pântano, onde formigam as pulsões e as tendências destrutivas e mortíferas para si e para os outros. É a treva do mal e do pecado quando o homem as consente e a elas se entrega. E isto também se encontra em toda vida humana, mesmo a mais honesta em aparência.

Há ainda treva quando o homem ignora o caminho que deve tomar para responder ao apelo surgido de suas profundezas, mas vindo, de fato, de Deus. Que devo fazer em tal ou tal encruzilhada de minha vida? Não há retorno, não há imobilidade, certamente, mas que caminho tomar, para onde me orientar para ser eu mesmo, para viver enfim plenamente em mim e em Deus? Se o Evangelho oferece indicações e balizas, não me diz que escolha devo fazer para lhe ser fiel.

Contudo, não estou condenado às trevas. O glorioso Senhor, diante de quem estou, irradia esplendor. Sua luz soberana pode dissipar as trevas em que mergulha meu coração. Esta luz, a verdadeira, é *"nosso Senhor Jesus Cristo"* (2 CF 67). Por seu olhar misericordioso sobre minhas trevas, minha realidade desvela-se, é posta à luz. Ver o que há, em mim e a meu redor, já é uma primeira graça.

Uma vez curada a cegueira, não se apalpa mais na escuridão: o caminho desobstruído, é preciso pôr-se em marcha. Então, a oração se faz mais precisa, mais detalhada:

> *dá-me*
> *a fé direita,*
> *a esperança certa,*
> *a caridade perfeita,*
> *o sentido e o conhecimento.*

O que é pedido em cinco pontos é ao mesmo tempo clássico e novo. A menção das três virtudes teologais propostas já por São Paulo (1Ts 1,3), que a Igreja pede em sua oração litúrgica (16ª Domingo comum) e com as quais Francisco identifica o próprio Deus (LD 6), poderia parecer uma evocação quase banal; dois termos mais misteriosos são-lhe associados: o sentido e o conhecimento. Um esforço espiritual impõe-se para não passar de lado do que se supõe muito rapidamente bem conhecido.

Com efeito, o que é *a fé direita*, senão a verdadeira visão, não ilusória, do real tal qual está no projeto de Deus, tal qual pouco a pouco toma corpo na história dos homens. Ultrapassar o superficial, o enganador talvez, descobrir em tudo a presença vivificante do Amor pessoal e, logo, o valor de cada ser, bem como sua vocação e seu destino; entrever, numa palavra, quem é Deus e como sua glória e sua paixão pelo homem enchem a terra e os céus, é exatamente isto que é preciso entender pela fé direita.

O que faz ver a fé em seu realismo é também um mundo em gestação, inacabado, ferido, onde o mal está muito presente e a espera da felicidade é incerta. *A esperança certa*, que a oração pede, é um sobressalto de otimismo, de vitalidade, a certeza de que as promessas e mesmo o compromisso de Deus não podem falhar, que o futuro absoluto — plenitude de vida e de felicidade — está reservado aos que Deus ama: todos os homens e o mundo enquanto cosmo e história. É a segurança de que um *reino nos está preparado desde a origem do mundo* (Mt 25,34; 1 Reg 23,4) em *feliz companhia e eterna fruição de Deus* (AS 4).

Visão plena e direita, espera garantida e alegre, tornaram-se possíveis, não ilusórias, em razão da *caridade perfeita*. Este termo é, muitas vezes, compreendido de uma maneira muito parcial: pensa-se que se trata em primeiro lugar do amor do homem para com Deus. Ora, a revelação neotestamentária da caridade (Ágape) é antes a manifestação do amor incondicional de Deus pelo homem. A única caridade perfeita é a paixão transbordante, extrema, excessiva mesmo, que arde no coração de Deus e que, a partir da fornalha secreta de sua comunhão, se estende em imenso braseiro para sua obra criada, da qual o homem é o coroamento. Pedir a caridade perfeita é pedir antes de tudo a revelação desconcertante e o acolhimento desse amor. É só depois que desperta no coração humano em movimento de retorno, de reconhecimento apaixonado, uma resposta que vai para Deus e para o homem; e cuja origem é a fonte eterna que jorra do próprio coração da Trindade.

Como se estas três não bastassem, Francisco pede a Deus, como complemento, *o sentido e o conhecimento*. Que é este sentido misterioso que parece exigido para que as três virtudes desempenhem seu pleno papel no itinerário empreendido? O *sentido* significa aqui a experiência, a surpresa pelo que acaba de ser descoberto e vislumbrado. A visão, a espera, a própria revelação do amor são afirmadas e declaradas por palavras, que exprimem conceitos e imagens. Contudo, não basta ouvir, compreender intelectualmente, saber com um saber teórico o que é dito. O verdadeiro conhecimento é experiência, percepção, entrada vital em contato com as realidades evocadas. Ter o sentido das coisas neste domínio da fé quer dizer vislumbrar, tocar de certo modo, embora na obscuridade e furtivamente, o que é objeto da visão e da espera.

Este sentido espiritual, porém, (contato, experiência) não é um sentimento cego, informulável, inexprimível: está acompanhado do *conhecimento*, também pedido na oração e que é uma lucidez da inteligência. É preciso notar aqui que quando, em seus escritos, Francisco fala da oração como um movimento do coração para Deus, habitualmente ele une a palavra coração com *mens*, que indica o espírito em sua dimensão intelectual; mais simplesmente, luz do conhecimento.

Eis pois, o peregrino pronto para partir, munido de um viático para o caminho, cinco pães que mendigando pediu ao Senhor de glória, cujo amor e generosidade conhece, não obstante suas trevas e sua pobreza.

Nem tudo, porém, ainda foi dito. O coração, agora na luz, tem pistas claramente traçadas, novas energias deslanchadas: fé, esperança, amor, experiência e visão clara, isto exige o compromisso, o fazer, a ação. O orante pede e recebe esses múltiplos *dons para cumprir o mandamento santo e verídico* de Deus.

Para Francisco, este mandamento era, sem dúvida, o apelo interiormente percebido de "restaurar a Igreja", sem que ele percebesse imediatamente todas as significações que iriam desenvolver-se em sua vida ulterior. Contudo, se vamos além do contexto histórico da oração para fazê-la nossa hoje, qual é este *mandamento* chamado santo e verídico e que é preciso cumprir? Para nós, como para Francisco mesmo, a simples expressão *teu mandamento* no singular faz pensar espontaneamente no primeiro de todos os mandamentos de amor para com Deus e para com o próximo (Mc 12,29-31) ao qual se ligam toda a Lei e os Profetas (Mt 22,40).

Assim o que precede, as virtudes e as experiências, não é dado senão em vista desta grande e única exigência: amar com todo seu ser a Deus e ao próximo. Este mandamento *real* (Tg 2,8) que abrange e cumpre tudo e não conhece limite (Rm 13,8) é verdadeiramente *o maior e o primeiro* (Mt 22,38).

É em função dele, para realizá-lo no concreto da existência, que foram pedidos e concedidos os dinamismos descritos acima. Para Francisco, como para toda a espiritualidade que deriva dele, *o fazer*, como o prova o emprego abundante deste termo em seus escritos, é o critério da verdade de todo compromisso.

Este mandamento de amor é qualificado de *santo e verídico*. Ele é *santo*, admirável, outro, diferente daquilo que o homem vê e faz de ordinário. *Verídico*, verdadeiro esse mandamento também o é, porque abrindo o coração do homem ao amor, para recebê-lo e dá-lo, o introduz na verdade dele mesmo. Criado por e para o amor verdadeiro, o homem não é plenamente homem senão quando se deixa tomar e mover-se por seu dinamismo. Então, ele está, na verdade, tornado livre por uma exigência verídica.

Assim, uma oração pessoal, formulada por Francisco na etapa difícil e longa de sua conversão, oferece-se hoje a todo homem que se põe a caminho para procurar e encontrar Deus e a si mesmo. As trevas do coração cedem pouco a pouco diante da irradiação da glória divina; com a luz vêm também as energias necessárias para se ver claramente e para se comprometer. O caminho real do amor, em que é preciso caminhar, torna-se claro. Para quem o toma, abre-se uma grande e bela aventura.

Segundo dia

A GRANDEZA DO MISERÁVEL

*Considera, ó homem,
em que excelência te colocou o Senhor Deus:
ele te criou e formou à imagem de seu Filho quanto ao corpo,
e à semelhança quanto ao espírito.
E todas as criaturas que estão sob o céu,
cada uma a seu modo, servem a seu criador,
o conhecem e lhe obedecem melhor que tu.
E mesmo os demônios não o crucificaram,
mas tu, com eles, o crucificaste
e o crucificas ainda,
deleitando-te nos vícios e nos pecados.
De que podes, então, gloriar-te?*

5ª Admonição

Esse texto da Admonição começa por um grito de alegria do homem que se descobre como obra de Deus, maravilhosamente bem-sucedida. É um olhar prolongado, estático, que o homem é convidado a lançar sobre si mesmo, para considerar a altura inaudita em que Deus o colocou. Seu corpo — e aqui Francisco é original — é formado à imagem do corpo do Filho de Deus, tornado homem. Modelando Adão, Deus imprimia-lhe os traços do corpo daquele que devia vir: seu Filho Jesus. Mas isto é a verdade de todo corpo humano e diz-lhe respeito. Meu corpo de hoje reproduz o corpo do primogênito de toda criatura (Cl 1,15) e meu espírito é feito à semelhança do Pai e do Filho. É a mim que se dirige ainda o convite: *Considera, ó homem, em que excelência te colocou o Senhor Deus.*

A supereminente dignidade do homem em seu ser total: corpo-espírito, está fundamentada no amor do coração de nosso Deus, que quis como parceiro um ser semelhante a ele, não obstante sua diferença radical. Este ser, *a mais digna das criaturas* como escrevera Santa Clara, mesmo quando se afasta de Deus, quando se mostra *ingrato e mau Deus, não cessa de lhe fazer o bem, e como ele o criou e resgatou, o salvará só por sua misericórdia* (1 Reg 23,8).

É preciso sempre levar em conta esta visão extremamente positiva do homem, imagem de Deus, querido assim desde o início e assim permanecendo, mesmo quando *por sua falta cai* e degrada-se. A continuação do texto, de fato, depois desse exórdio glorioso, traz um julgamento mais que mitigado sobre o comportamento do homem que sou.

Todas as criaturas que estão sob o céu: animais, vegetais, minerais e outros elementos do mundo, bem como este mundo em sua totalidade, servem a seu criador, o conhecem, obedecem-lhe. Estranha e rara afirmação. Como esses seres que não têm nem inteligência nem liberdade podem conhecer, servir e obedecer a Deus? Seria somente uma espécie de expressão poética sem fundamento? Não é, antes, uma intuição profunda e justa sobre a ordem do mundo, submetido a leis misteriosas, às quais tudo que existe se conforma?

Depois desta olhadela comovida e benevolente sobre o mundo infra-humano, em que se esboça já alguma coisa do *Cântico do Irmão Sol*, vem a comparação desvantajosa para o homem: este mundo submete-se a Deus e obedece-lhe melhor que tu! Só ele inteligente, só ele livre, o homem é também o único a não se integrar na harmonia do admirável desígnio previsto e proposto por Deus para sua glória, como para a plena felicidade do homem. Ele é o único a poder escapar, a prosseguir um outro caminho, que leva não se sabe a que abismos...

> *E mesmo os demônios não o crucificaram,*
> *mas tu, com eles, o crucificaste*
> *e o crucificas ainda*
> *deleitando-te nos vícios e nos pecados.*

Essa passagem que o novo Catecismo da Igreja Católica cita (n. 598) agrava o caso do homem. A criação inteira serve a Deus, o conhece e obedece-lhe melhor que o homem, o que certamente é uma censura, matizada contudo, pois não se aplica sempre. Acontece que o homem também serve, conhece e obedece. Mas o que Francisco acusa aqui é de uma gravidade extrema. Tu crucificaste e crucificas ainda o criador. O Crucificado-homem Jesus é identificado, sem transição alguma, com o Senhor Deus, o Criador. E curiosamente os primeiros responsáveis do assassínio do Cristo não são os demônios: eles aparecem antes como cúmplices num crime cuja iniciativa caberia ao homem.

De uma maneira audaciosa, Francisco abole a noção do tempo. Aquele a quem se dirige o texto é o homem de todos os tempos, sou eu hoje. Eu estava lá no momento da crucifixão, ator responsável; hoje ainda, meu pecado continua a paixão. Não se trata, certamente, de uma participação material; *é deleitando-me nos vícios e nos pecados* que crucifico o Senhor.

Deleitar-se nos vícios e nos pecados significa, na linguagem de Francisco, fechar-se em si mesmo na ilusão de se bastar e de se construir, enquanto que, de fato, se esvazia de sua verdadeira substância, à custa não só de si, mas também dos outros e de Deus. O pecado não é a transgressão de uma lei arbitrária, que poria o homem em infração legal diante de Deus. Se o pecado ofende a Deus, se crucifica seu Filho, é porque mina e destrói o próprio pecador. Deus não pode suportar ver degradar-se sua imagem, amada com um amor eterno. A autodestruição — certamente inconsciente — do pecador, preso nas redes complicadas e deleitáveis de *seus vícios*, é um sofrimento que afeta a Deus tanto e mais que ao homem. *Crucificar o Senhor* (com a cumplicidade dos demônios...), quer dizer infligir "Àquele, que nos ama e nos lavou de nossos pecados em seu sangue" (Ap 1,5), uma ferida incurável, a do amor recusado, não partilhado.

De que, então, podes gloriar-te?

Poder-se-ia responder a esta pergunta que a glória do homem é ser imagem e semelhança de Deus, Pai e Filho, o que Francisco afirma tão vigorosamente. Contudo, aqui trata-se não dos dons recebidos, mas do agir que daí deveria resultar. Ora, a esta falta de agir, pecado do homem e causa da morte do Amor, não podem suprir nem o saber, nem a beleza, nem a riqueza, nem mesmo o dom dos milagres.

Com efeito, se fosses sutil e sábio
a ponto de possuir toda ciência
e de saber interpretar toda espécie de línguas
e de escrutar com sutileza as coisas celestes,
de nada disso podes gloriar-te.

5ª Admonição

Leem-se como em filigrana nessa passagem reminiscências de Paulo falando dos diversos carismas e de sua subordinação ao amor (1Cor 12,28;13,2). Francisco conhece e enumera as múltiplas facetas do saber: finura intelectual *(sutileza)*; experiência de vida e de julgamento *(sabedoria)*; conhecimentos diversos *(ciências)*. A que se acrescentam, parece, dons espirituais; interpretação das línguas e penetração teológica *(escrutar... as coisas celestes)*. O homem que possui esses valores, apresentados como tais, não pode, contudo, gloriar-se deles, pois os demônios também têm conhecimentos superiores aos dos homens:

Só um demônio conheceu coisas celestes
e agora conhece das coisas terrestres mais
que todos os homens...
Do mesmo modo, se fosses mais belo e
mais rico que todos
e mesmo se fizesses maravilhas
a ponto de pôr em fuga os demônios,
tudo isso é contra ti

*e isso não te pertence em nada
e de nada disso podes gloriar-te.*

Depois dos valores do saber, outros, reconhecidos como positivos, são postos em evidência: a beleza física (é a única vez que Francisco fala dela e parece apreciá-la) e a riqueza, isto é, tê-la. Em conclusão e no topo, aparece o dom dos milagres que chega até a expulsar os demônios, como outrora os apóstolos (Lc 10,17-20). Assim como o Senhor advertia seus discípulos, no Evangelho de Lucas, que não se alegrassem de que os demônios lhes estavam submissos — isto lhes vem só de Deus —, assim também Francisco, com uma insistência quase brutal, repete:

*Tudo isso é contra ti
e isso não te pertence em nada
e de nada disso podes gloriar-te.*

A palavra forte dessa passagem é: *isso não te pertence em nada*. O que o homem recebeu e recebe de Deus — e é tudo — as qualidades da inteligência, a beleza e a força do corpo, os dons espirituais, está nele e o constitui, certamente. Contudo, ele não é o proprietário totalmente autônomo, independente. É como o riacho que corre enquanto uma fonte não cessa de alimentá-lo. Com uma penetração espiritual aguda, Francisco toca na própria raiz do pecado do homem: não perceber mais como obra de Deus um dom recebido e dependente dele, mas apoderar-se dele, retê-lo ciosamente, crer-se seu proprietário, dele gloriar-se. Isso corresponde, sem dúvida, a uma tentação que experimentou em si e nos outros seres espirituais: utilizar esses dons vindos de fora para se fazer aceitar por Deus, pelos homens e por si mesmo...

O afável, o benevolente, o fraterno Francisco encurrala assim o homem ao pé do muro, despoja-o de toda pretensão, deixa-o vazio e nu. E a resposta que dá à pergunta feita acima, deixa-nos estupefatos:

> *Eis de que podemos gloriar-nos:*
> *de nossas enfermidades*
> *e de carregar cada dia a santa cruz*
> *de nosso Senhor Jesus Cristo.*

Francisco compreendeu que a única realidade própria do homem é sua condição de criatura que faz dele um ser limitado, efêmero, mortal, capaz do mal. Gloriar-se disso quer dizer assumir este fato, reconhecer-se pobre e mendigo e, por isso, aberto e oferecido à plenitude da ternura misericordiosa de Deus. Tanto mais que este peso de múltiplas pobrezas humanas, esta cruz tão pesada, ele não é o único a carregá-la. Ela tornou-se a santa cruz depois que Deus mesmo, na pessoa de seu Filho Jesus, carregou-a, assumindo a condição humana em tudo.

Terceiro dia

A ALEGRIA PERFEITA

Páscoa de dor e de alegria

Um dia, em Santa Maria, o bem-aventurado Francisco chamou Frei Leão e disse:
— *Frei Leão, escreve.*
E lhe respondeu: Eis-me, estou pronto.
Escreve, disse ele, qual é a verdadeira alegria.

Um mensageiro vem e diz
que todos os mestres de Paris vieram para a Ordem; escreve: não é a verdadeira alegria.
Igualmente, todos os prelados de além dos montes, arcebispos e bispos;
igualmente, o rei da França e o rei da Inglaterra;
escreve: não é a verdadeira alegria.
Também, meus irmãos foram para junto dos infiéis e os converteram todos à fé:
igualmente, obtenho de Deus uma tal graça que curo os doentes e faço muitos milagres: eu te digo que em tudo isso não está a verdadeira alegria.

Esse célebre texto (recentemente, O. Messiaen ainda o retomou em seu oratório sobre São Francisco) é conhecido em sua longa versão dada pelos Fioretti (cap. 8), versão que amplia e romanceia a narração com o risco de fazer esquecer sua dura mensagem. O texto que comentamos aqui é mais breve e mais simples. Na opinião dos críticos, é um ditado original de Francisco mesmo e não seu desenvolvimento edificante e poético.

Qual é a verdadeira alegria, onde encontrá-la? Eis uma pergunta que ocupa todo ser humano. A alegria, este profundo e pacífico contentamento do coração, irradiação silenciosa da felicidade, por que caminho chegar a ela? Uma vez mais, é uma resposta paradoxal que nos é dada. A alegria não está onde uma primeira e superficial experiência pensa encontrá-la. Sua fonte oculta não é revelada senão pelo esvaziamento do sofrimento.

Francisco nos dirá, primeiramente, onde não está a verdadeira alegria. Não se detém nem nas descrições das alegrias falsas e fugazes que descarta rapidamente em sua 20ª Admonição: *as palavras vãs e ociosas que levam os homens a rir...* As alegrias descritas no texto, alegrias que ele e seus frades podiam experimentar quando da difusão espetacular da Ordem, eram legítimas. Quem não se alegraria com a conversão evangélica e com a opção por uma vida radicalmente pobre que seria assumida pelos melhores intelectuais, eclesiásticos e mesmo civis da sociedade do século XIII? Por imaginária e retórica que seja a narração, corresponde, em parte, à realidade. Houve, de fato, mestres de Paris (Alexandre de Hales), responsáveis pela Igreja e mesmo reis que foram tocados pelo movimento espiritual desencadeado por Francisco. *Além dos montes*: França, Inglaterra, Paris, Oxford foram marcadas tanto e mais talvez que a Itália, e manifestaram fortes simpatias, senão adesões. Se todo este belo e influente mundo tivesse juntado-se, de fato e seriamente, à Ordem fundada por Francisco, isso não constituiria a verdadeira alegria, malgrado a vaidade (ambígua...) que se sentiria.

Prosseguindo, o texto considera situações mais diretamente religiosas e, desta vez, trata-se das ações dos irmãos e dos carismas sobrenaturais que o próprio Francisco teria recebido. Ir para junto dos infiéis (muçulmanos), evitar toda disputa e todo proselitismo, submeter-se a todos e confessar que são cristãos, é a missão que Francisco designa para seus irmãos, esperando que chegue, um dia, a possibilidade de anunciar a fé (1 Reg 16). Se, por impossível, toda esta massa aderisse ao Evangelho, que acontecimento não seria, que graça! Pois bem, nem isso seria a verdadeira alegria!

Depois daqueles de fora, mestres, bispos, reis, depois dos irmãos, é o próprio Francisco que se põe em cena: como se a experiência de alegria fosse tocá-lo pessoalmente. Ele se imagina (mas era só imaginação?) ter recebido de Deus graças extraordinárias: o dom de cura e o dom, ilimitado, de fazer outros milagres. O homem cumulado com tal graça está certamente perto de Deus, é amigo de Deus e teria razão de se alegrar. Isso não é negado; contudo, como uma espada, cai a afirmação estendida a tudo que precede: *eu te digo que em tudo isso não está a verdadeira alegria.*

Então, qual é a verdadeira alegria?

Eu volto de Perugia e, numa noite profunda, chego aqui; é tempo de inverno, lamacento e frio, a ponto que pingentes de água fria congelada formam-se nas extremidades de minha túnica e sempre me batem nas pernas e jorra sangue destas feridas.

E todo enlameado, com frio e gelado, chego à porta, e, depois de ter batido e chamado muito tempo, um irmão vem e pergunta: Quem é? Eu respondo: Irmão Francisco. E ele diz: Vai-te embora; não é hora conveniente para andar; não entrarás.

E a mim, que insisto, ele responderia de novo: Vai-te embora; não és senão um ingênuo e ignorante; em todo caso não entras em nossa casa; somos tantos e tais que não precisamos de ti.

E eu continuo de novo, de pé diante da porta e digo: Por amor de Deus, acolhei-me esta noite. E ele responderia: não o farei. Vai ao asilo dos leprosos e pede lá.

*Eu te digo que se conservo paciência
e não fico abalado,
que nisso está a verdadeira alegria
e a verdadeira virtude
e a salvação da alma.*

A pergunta *qual é a verdadeira alegria* volta pela segunda vez. Com uma grande arte de expectativa, a resposta não será dada senão gradualmente. Na primeira parte foram evocadas as razões positivas de se alegrar: sucessos espirituais da Ordem, sucessos missionários, carismas pessoais, mas para serem descartados. Agora, que enfim os motivos de uma verdadeira alegria devem ser indicados, paradoxalmente são os lados sombrios e dolorosos da existência que a resposta vai descrever.

O mais profundo da declaração sobre *a verdadeira alegria e a verdadeira virtude e a salvação da alma* é, então, uma noite profunda, num tempo lamacento de inverno em que gela a água fria e os *pingentes* de gelo formam-se na barra da túnica. E para cúmulo, feridas e sangue que jorra! Neste quadro sinistro alguém caminha: um viajante com as pernas feridas dirige-se com pressa para um lugar de acolhimento. Para além da narração anedótica, vejo aí uma imagem da condição humana: o homem perdido na noite, privado de todo calor relacional, atingido pelos acontecimentos, órfão e só, a caminho e em busca da alegria.

Ei-lo que crê chegar ao fim: a porta do lugar familiar onde moram irmãos que o conhecem pelo nome. Todo enlameado, frio e gelado, por muito tempo e com toda confiança, bate à porta e chama. O que faz o homem sair de sua solidão, o faz passar da noite para o dia, é o acolhimento fraterno ou, para usar a expressão de Francisco, *materno*, que os homens se manifestam. Aqui, porém, de nada adianta identificar-se pelo nome, *Irmão Francisco,* nem apelar para o senso da fraternidade. Uma primeira recusa é justificada por um pretexto: é tarde e não respeitas o regulamento. Esse motivo, contudo, esconde um outro, mais fundamental e infinitamente mais doloroso: no fundo, não precisamos de ti; somos numerosos e qualificados, nós nos bastamos; tu és um homem simples, sem formação nem cultura, um pobre!

E, contudo, o homem diante da porta não desiste. Apela, segundo seu costume, para o que há de maior, de mais sagrado para ele — e pensa — para seus irmãos: o amor de Deus. No coração da noite escura, diante de uma recusa encerrada no egoísmo, essas duas palavras fazem surgir como um sol de ouro, fogo e luz de um braseiro imenso, capaz de consumir e dissolver toda resistência. *Acolhei-me, só esta noite.* Nada se faz. A recusa é definitiva. O envio ao asilo dos leprosos, pelo qual o irmão pensa em se desculpar, tem algo de irreparável. Francisco é identificado, por seus irmãos, com o leproso intocável, excluído e marginalizado como ele. Para eles, ele não existe mais.

Tocamos no fundo da pobreza e da solidão. O ambiente é sinistro. Fracassaram os esforços repetidos para retomar contato humano e para quebrar a dureza dos corações por um apelo ao acolhimento. Que resta, onde está a verdadeira alegria, pode-se ainda falar, então, que tudo perece na insondável noite das coisas e dos corações?

> *Eu te digo que se guardo a paciência*
> *e não sou abalado,*
> *que nisso está a verdadeira alegria*
> *e a verdadeira virtude*
> *e a salvação da alma.*

A verdadeira alegria e a verdadeira virtude e mesmo a salvação consistiriam, então, em guardar a paciência, em não ser abalado. Primeiramente, pensa-se numa visão quase estoica da situação: o homem que soubesse suportar a noite e o frio e, sobretudo, a rejeição dos seus, sem ficar perturbado, conservando seu sangue frio e sua calma interior, poderia ter uma consciência certa de sua força interior — sua virtude — e alegrar-se tranquilamente. Uma tal leitura, porém, não seria fiel à visão e à experiência de Francisco.

Não é ter suportado corajosa e pacientemente o sofrimento que permite alegrar-se. Seria precisamente apoiar-se em si mesmo, em suas vitórias, em sua virtude, e isto Francisco afasta resolutamente. Contudo, é o sofrimento — tão dramaticamente sugerido em nosso relato — que revela o que há no homem. Se está enraizado em Deus, consciente do amor com que Deus o cerca, os sofrimentos podem abater-se sobre ele, fazê-lo talvez gritar e lamentar, algo de profundo e de tranquilo permanece; ele pode ficar firme, suportar, sem ser destruído. Não é ter suportado o sofrimento que gera alegria, mas é a alegria, já presente, que permite suportar o sofrimento. *Conserva-se, em tudo o que se sofre, a paz do espírito e mesmo do corpo, por causa do amor de Jesus Cristo* (15 Adm).

Para quem já leu e saboreou, muito rapidamente talvez, a célebre passagem sobre a alegria perfeita e deixou-se encantar por seu caráter leve e poético, a leitura, que acaba de ser feita, será sem dúvida uma surpresa; pois é um texto sério: a verdadeira alegria, a mais profunda e a mais inabalável, encontra senão sua força e sua raiz, ao menos sua revelação e sua manifestação, num fundo inevitável de dor.

A verdadeira alegria, a verdadeira virtude e a salvação da alma não são dadas senão aos que *seguiram o Senhor na angústia, na perseguição, na vergonha e na fome, na doença e no sofrimento e em todo o resto; e por isso receberam dele a vida eterna* (6ª Admonição). É a rude e maravilhosa lição que Francisco nos dá.

Quarto dia

O HOMEM FRATERNO

Recorramos a Jesus como ao Pastor e ao guarda de nossas almas (1Pd 2,25), que disse: eu sou o bom pastor, eu apascento minhas ovelhas e dou minha vida por minhas ovelhas (Jo 10,11).

Vós sois todos irmãos; e não chameis a ninguém de pai sobre a terra, pois um só é o vosso Pai, que está nos céus. E não vos façais chamar de mestres, pois um só é vosso mestre, que está nos céus (Mt 23,8-10).

Se permanecerdes em mim e se minhas palavras permanecerem em vós, tudo que quiserdes, pedireis e isso vos será dado (Jo 15,7).

Em todo lugar onde dois ou três se reunirem em meu nome, eu estarei lá no meio deles (Mt 18,20). E eis que estou convosco todos os dias até o fim do mundo (Mt 28,20).

As palavras que vos disse são espírito e vida (cf. Jo 14,6).

1 Reg 22,32-40

Esses textos todos tirados dos evangelhos são, contudo, de Francisco. Foi ele quem os escolheu, reagrupou segundo uma certa lógica e integrou em sua regra (1 Reg 22,32-40), fundamentando sobre eles sua concepção da comunidade. De diferentes proveniências (evangelhos de Mateus e de João, carta de Pedro), poderiam ser desconexos e seu arranjo artificial. Uma leitura atenta revela, ao contrário, uma grande unidade.

No centro domina a figura do Cristo, sob a imagem do bom pastor, que Francisco aprecia particularmente. Ele mantém-se no meio, revela sua identidade, que é a de um amor até a morte *(eu dou minha vida por minhas ovelhas...)* mas sempre atual, pois não cessa de cuidar das ovelhas que apascenta. É para essa figura irradiante de bondade e de ternura que somos convidados a nos dirigir, para nos reunir como um rebanho em redor de seu pastor e protetor.

Os que são assim agrupados formam uma comunidade de seres iguais, fraternos. Entre os grandes fundadores da Ordem, Francisco é o único a citar em sua Regra a passagem do Evangelho que exclui as denominações de *pai* e *mestre.* É notável que em seus escritos a palavra mais usada, depois de *Senhor*, é a palavra *Irmão*. Na comunidade reunida em torno do Cristo — toda comunidade de Igreja, seja leiga ou religiosa — não há nem pai nem mestre que não seja o Pai que está nos céus e o único Mestre, o Cristo. Entre eles, os crentes vivem primeiramente uma profunda igualdade, são irmãos e irmãs e devem comportar-se como tais. A palavra e a realidade de irmão implicam uma origem comum, a igualdade e a familiaridade, fundadas numa certa ternura. Irmão, fraternidade, são termos caros à tradição franciscana: Francisco é o primeiro na história a dar a seu grupo religioso o nome de *fraternidade*. A consciência da fraternidade é tão forte nele que aplicará o nome de irmão a toda a criação.

A continuação do texto retomará, com diferentes referências, o tema da presença do Senhor em sua comunidade. Acorrer ao pastor, estreitar-se junto dele já indica a coesão da comunidade, mas esta tem raízes mais profundas. É preciso ficar não só junto dele, mas dentro dele, nele, segundo a densa expressão joanina. Então, por sua vez, a palavra que é semente e sopro permanecerá em nós; e nós, a comunidade, teremos a alegre certeza de que nossos verdadeiros desejos e pedidos serão ouvidos, atendidos. Como um leitmotiv, os dois textos seguintes insistem na presença do Cristo em toda parte onde dois ou três estão reunidos em seu nome; presença garantida e assegurada para sempre. A comunidade de crentes é o lugar da presença: é por ela e por sua causa que a comunidade existe e se mantém. À presença são associadas as palavras que o Senhor proclama e o que, por elas, promete e exige. Essas palavras são espírito e vida: vindo morar entre os fiéis, apoderando-se deles, elas impedem todo imobilismo, toda instalação. Como o sopro do vento (espírito...), elas agitam e removem as águas e acabam por fazer surgir a vida no ouvinte atento.

O último texto dirige o olhar para Jesus, pastor e guarda, e é para sublinhar com força seu lugar central neste esboço do mistério da comunidade: ele é seu caminho, sua verdade e sua vida.

No meio de uma centena de textos bíblicos, Francisco acaba de apresentar uma visão profunda da comunidade formada por seus irmãos. Ao redor de Jesus, pastor, que se entregou por amor a seu rebanho, eis reunidos como em torno de uma lareira, os irmãos, certos da presença do Senhor, por ela ligados, sem cessar mantidos em vigília pelo Evangelho, que é *espírito e vida*. Apoiado nesta perspectiva teológica, Francisco vai enunciar a lei que regerá as relações entre os homens.

Que eles se amem uns aos outros, como diz o Senhor. Este é meu mandamento, que vos ameis como eu vos amei (1 Reg 11,5: Jo 15,12), e ainda: *amemos nosso próximo como a nós mesmos. E se alguém não quer amá-lo como a si mesmo, que ao menos não lhe faça mal, mas lhe faça o bem* (2 CF 26,27). E na moldura de uma oração:

que amemos nossos próximos como a nós mesmos, atraindo todos os homens ao teu amor segundo nossas forças, alegrando-nos com o bem dos outros como com o nosso, e compadecendo-nos de seus sofrimentos e não ofendendo a ninguém (AS 5).

É preciso amar o próximo como a si mesmo; mais ainda, como fomos amados por Jesus, com um amor levado ao extremo, até ao dom de sua própria vida.

Quem é, porém, meu próximo? Para Francisco, são primeiramente os que, com afeição, ele chama com muita frequência de *meus irmãos benditos* e que atraiu em seu seguimento nos caminhos do Evangelho, na fraternidade fundada por ele. A esses, ele pede — coisa rara na literatura religiosa — que se amem com um amor *materno. Que cada um preze e alimente seu irmão como se prezasse e alimentasse seu filho, em tudo que Deus lhe conceder* (1 Reg 9,11). Ele é tão ligado a esta expressão que vai mantê-la na segunda versão, porém bem resumida, de sua Regra (2 Reg 6,8). Esse amor materno será concreto como o indica o contexto: *que com confiança cada um manifeste ao outro sua necessidade, a fim de que o outro descubra e sirva o necessário* (1 Reg 9,10). Isso supõe que entre os irmãos reine uma confiança simples como a que existe entre a criança e sua mãe. Pode-se dizer tudo e tudo pedir ao outro, certo de que o outro é tão acolhedor, tão aberto como uma mãe a respeito de seu filhinho. Não seria preciso, para isso, crer que Francisco tem uma visão idílica das relações fraternas. Ele sabe, e suas admonições, entre outras, o atestam, que pode-se sofrer a perseguição da parte de seus irmãos (Adm 3), que acontece invejar o bem do outro (Adm 8), que é difícil amar os que nos ferem no rosto (Adm 14), que se pode exigir dos outros mais que alguém pode dar de si (Adm 17), que é pesado carregar a fragilidade dos outros (Adm 18) e amar os que parecem ser um peso inútil (Adm 24).

O supremo grau do amor do próximo será, como no Evangelho, o amor dos inimigos, os que de uma maneira ou de outra nos ofendem, nos ferem, nos fazem mal. Quando, numa passagem capital da 2 Regra (2 Reg 10,8-10), Francisco descreve a obra do Espírito naqueles que o possuem, após a oração de um coração puro, ele colocará num movimento ascendente a humildade e a paciência, para terminar com o amor *por aqueles que nos perseguem, nos repreendem e nos acusam, pois diz o Senhor: Amai vossos inimigos e orai por aqueles que vos perseguem e vos caluniam* (Mt 5,44). O amor por aqueles que não nos amam (e que também não amamos espontaneamente...) é assim apresentado como a experiência espiritual mais sublime que se possa atingir e que nos torna *perfeitos como o Pai celeste* (Mt 5,48), ele que é bom para *os ingratos e os maus* (Lc 6,35; 1 Reg 23,8). E porque um tal amor é impossível, porque é difícil perdoar, em continuação da oração do Pai-nosso, é preciso repetir com Francisco:

> *O que não perdoamos plenamente, tu, Senhor, faze que o perdoemos plenamente, para que amemos verdadeiramente nossos inimigos por causa de ti, e que intercedamos de todo coração por eles junto de ti não devolvendo a ninguém o mal pelo mal...* (AS 8).

É evidente que este amor de benevolência e de ajuda misericordiosa não pode nem deve limitar-se ao círculo estreito da fraternidade no sentido estrito. Um texto admirável o recorda aos irmãos: *Todo aquele que vier a eles, amigo ou adversário, ladrão ou bandido, seja recebido com benevolência* (1 Reg 7,14). Quaisquer que sejam as circunstâncias históricas desta estranha recomendação, o que ela afirma é o valor único do ser humano, fosse ele o mais degradado. A atitude fundamental e primeira a seu respeito deve ser a benevolência: olhar positivo e valorizador, disposição de fazer o bem, de prestar serviço. E quando se acha em meio hostil (o mundo muçulmano no tempo de Francisco e das cruzadas...), é pedido para *não provocar nem disputas nem discussões, mas ser submissos a toda criatura humana por causa de Deus* (1Pd 2,13; 1 Reg 16,6). Um tal comportamento, que vai contra as maneiras habituais de agir, mostra bem o que significavam para Francisco os dois termos: irmão e menor (ou pequeno), que ele quis dar como nome à sua fraternidade. Irmão, um ser confiante, familiar, benevolente; menor, que não se impõe mas serve, não se crê superior mas servidor.

Um texto paradoxal pode concluir esta meditação sobre as relações que é preciso manter com todo homem. Termina o elogio que Francisco faz dos três pares das virtudes: sabedoria e simplicidade, pobreza e humildade, caridade e obediência. Esta última faz:

> *obedecer a seu irmão;*
> *então o homem está sujeito e subordinado a todos os homens que estão no mundo, e não unicamente aos homens,*
> *mas também a todos os animais e a todas as feras...*

(SVr 15-17)

Crer-se-ia ler alguma máxima de sabedoria zen, ou de estoicismo, irreal, sem relação imediata com o concreto da existência, e que, contudo, não se sabe por que caminho, nos atinge no mais profundo; pois amar quer dizer também obedecer, dar ao outro seu ouvido e seu coração, ceder-lhe o lugar, renunciar à pretensão de ser único, alienar-se aceitando estar com o outro. Nesse sentido, o amor verdadeiro é submissão (recíproca...) não só a todos os homens, mas também à ordem do mundo que não se pode modificar (nascimento e morte, acontecimentos e história). O que Francisco quer dizer pelo último inciso: *mas também a todos os animais e a todas as feras*, põe uma questão que permanece em suspenso, pois não se sabe nem se ousa responder-lhe. É talvez o amor esta resposta, do qual está escrito algumas linhas acima (SVr 13) que dissipa e *confunde todos os temores da carne; pois onde está o amor não há temor* (Adm 27).

Quinto dia

A INESGOTÁVEL MISERICÓRDIA

*Ao irmão..., ministro: que o Senhor te abençoe.
A respeito do estado de tua alma, eu te digo,
como posso, que o que te impede de amar
o Senhor Deus e todo aquele que seria para
ti um impedimento,
os irmãos ou os outros,
mesmo se te batessem violentamente,
tu deves tudo ter como uma graça.
E tu deves querer assim e não outra coisa.
E faze isso por obediência verdadeira ao Senhor Deus e a mim,
pois eu sei firmemente que tal é a obediência verdadeira.
E ama os que te fazem estas coisas.
E não queiras deles nada senão o que o Senhor te der.
E ama-os nisso e não queiras que eles sejam melhores cristãos.
E que isso seja para ti mais que o eremitério.*

Carta a um ministro

Eis um homem, colocado por Francisco, à frente de um grupo regional de irmãos para servi-los na busca de sua vida evangélica, daí seu nome de ministro-servidor. Quem é, qual seu nome (Frei Elias), não se sabe. O que se sabe é que as dificuldades de sua função causadas, sem dúvida, pela mediocridade e pelas oposições de seus irmãos, o levaram à fuga. Ele retirou-se — ou vai retirar-se — a um eremitério para aí encontrar paz e ocupar-se com o *estado de sua alma*. Francisco dirige-lhe esse texto, simples, um pouco esquisito em sua expressão, contudo uma mensagem desconcertante. É uma meditação sobre a inesgotável ternura misericordiosa de Deus que o homem também deve praticar.

A parte do texto citada em destaque afirma que o sofrimento e a dificuldade encontrados no caminho são uma graça. O caminho de que se trata aqui é o caminho do Evangelho, em que se procura *amar o Senhor Deus*. Nada é maior nem mais engrandecedor que o impulso de amor para Deus. Esse impulso, contudo, é dificultado: alguma coisa se interpõe e nos pára com o risco de nos separar de Deus. Como gerir este impedimento, é preciso afastá-lo, livrar-se dele pela fuga? É o que pensa o irmão ministro e o põe em prática isolando-se num eremitério. Ele pensa no *estado de sua alma*, convencido, sem dúvida, de que os obstáculos ao amor provêm do exterior. Francisco afasta rudemente esses enganos. Aqui o inimigo é, certamente, exterior e bem designado, é o próximo: *os irmãos ou os outros*. O comportamento deles nada tem de amigável. Ao contrário, parece até que se chegou a violências não apenas mentais ou verbais, como insinua a expressão: m*esmo se te batessem violentamente*. Esperava-se que Francisco se compadecesse do eremita e denunciasse a malevolência das pessoas que o forçaram à fuga; mas não, *tu deves considerar tudo como uma graça*. Sim, este (e estes) que te impede de amar o Senhor Deus, considera-o como uma graça.

Por mais difícil que seja aceitar a situação de sofrimento, uma vez que está aí e que não oferece nenhuma escapatória, a única atitude verdadeira é submeter-se com generosidade: *tu deves querer assim e não de outro modo*. Nenhum fatalismo nisso, mas antes a certeza de que esta situação vem de Deus e que é preciso acolhê-la num ato de obediência. O discípulo aprende, assim, a obediência ao desígnio de Deus sobre si e, acrescenta Francisco, minha função é também a de introduzir-te no mistério desta vontade: *Faze isso por obediência verdadeira ao Senhor Deus e a mim; pois eu sei que tal é a obediência verdadeira*. As situações e os acontecimentos que se impõem são também a voz do Verbo. De nada adianta sonhar um mundo, uma Igreja, uma comunidade ideais, sem defeitos; aceitar o real inevitável — aqui as dificuldades causadas, contudo, por homens consagrados ao Evangelho — esse é o caminho de uma verdadeira obediência.

A reflexão sobre a função do obstáculo na vida espiritual dirige-se, agora, para o próprio obstáculo. O que impede de amar o Senhor não são situações impessoais, mas seres de carne e de sangue: os irmãos. O ministro fugiu deles; talvez fosse tentado em seu coração a rejeitá-los, a odiá-los, e não seria sem razão. O apelo de Francisco se faz patético. Não, não é o ódio mas o amor: *ama os que te fazem estas coisas* (oposições, hostilidade, golpes?). O que se deseja em tais casos é a mudança de coração, a conversão de seus inimigos. Espera-se que evoluam, que melhorem. Pois bem, não? *Não queiras deles nada senão o que o Senhor te der.* Se eles se arrependem e se reconciliam contigo, tanto melhor; senão, saibas esperar, ter paciência. Que o tempo (e no fundo, sobretudo o Senhor) os faça amadurecer e progredir no ritmo deles.

Contudo, eis algo mais surpreendente ainda que soa escandaloso a nossos ouvidos: *Não queiras que eles sejam melhores cristãos.* Nada de mais normal para um homem de Deus que deseja de toda sua alma que cada um de seus irmãos seja e se torne verdadeiramente "cristão", unido a Jesus Cristo e revestindo pouco a pouco sua imagem. Como todo cristão, Francisco não o ignora. Contudo, descobre nesse desejo, no contexto que é o da carta, a ambigüidade que ele pode comportar. Posso desejar ardentemente a conversão de meu irmão, cuja conduta me fere e me perturba. Assim estarei em paz e ele não será mais um obstáculo em meu caminho. Um tal desejo tem algo de impuro e é isso que Francisco denuncia.

Entrar nestas perspectivas: submeter-se às situações que se impõem, amar e suportar pacientemente os que as provocam, não esperar que tudo mude e se torne melhor; imediatamente, *que isto seja para ti mais que o eremitério*. Francisco aprecia a vida em eremitério, regulamentou seu uso e aí esteve com frequência, ele não o condena simplesmente. A fuga do ministro, porém, para o eremitério a fim de evitar enfrentar as dificuldades da vida fraterna, aparece como uma busca ilusória de um lugar onde existe um mundo sem defeito. A humilde aceitação da realidade de cada dia, o amor que suporta e perdoa valem mais que o eremitério.

E eu quero saber nisso
se tu amas o Senhor e a mim, seu servidor e o teu:

*se ages de modo que não haja no mundo nenhum irmão
que tenha pecado tanto quanto poderia ter pecado
e que, depois de ter visto teus olhos, não vá jamais embora
sem tua misericórdia, se ele pedir misericórdia.
E se ele não pedisse misericórdia,
tu, pergunta-lhe se ele quer a misericórdia.
E se depois disso, ele pecasse mil vezes diante de teus olhos,
ama-o mais que a mim para atraí-lo ao Senhor; e tenha sempre piedade de tais irmãos.
E faze saber aos guardiães, quando puderes, que por ti decidiste agir assim.*

A continuação da carta cava ainda mais fundo o inesgotável mistério da misericórdia. O ministro era tratado com aspereza por sua fuga e firmemente convidado a amar os que o impediam de executar seu projeto de perfeição tal como o imaginava. Agora, Francisco, deixando de lado os estados de alma do ministro, fere seu coração para fazer sair as inundações de misericórdia.

Como saber que amas a Deus e que me amas, a mim seu servidor e também teu? Trata-se muito de amor nesta primeira frase: amor a Deus, mas também amor a Francisco. O homem imaginava-se impedido de amar a Deus (e a

Francisco), e empreendeu a fuga. Ei-lo intimado a manifestar esse duplo amor, mas de outro modo. Ele o manifestará não fugindo, mas abrindo largamente seu coração para acolher o irmão pecador.

Duas hipóteses são consideradas. O pecador recorre a seu ministro, como de resto é pedido pela Regra (2 Reg 7,1-2) e ele *pede misericórdia*. Não se trata de qualquer pecadinho: o texto supõe coisas graves e múltiplas: *quem tenha pecado tanto quanto poderia ter pecado*. Ele apresenta-se *para ver os olhos* de seu irmão. A dupla menção dos olhos, aqui e um pouco mais adiante, chama a atenção; este traço revela em Francisco um profundo conhecimento do humano. Além dos discursos, dos esclarecimentos e mesmo dos gestos, o que conta é o rosto cujos olhos são as janelas para as profundezas. A atenção, a compaixão, a benevolência falam mais pelos olhos do que por meio das palavras.

Pode acontecer, contudo, que o pecador não tome a iniciativa de chegar: ele obstina-se em seu mal; pode ser que se desespere de todo perdão. Então, cabe a mim ir ao seu encontro para lhe propor, sem lhe impor, a misericórdia, perguntar-lhe se a quer. Não está dito se neste caso a misericórdia oferecida foi aceita.

O que segue é algo de único, de tirar o fôlego. A misericórdia, acolhida ou não, não tem sempre os efeitos esperados. No passado, o irmão *pecou tanto quanto poderia ter pecado;* perdoado, parece de novo se lançar no mal: *ele peca mil vezes do mesmo modo e isso diante de teus olhos.* Os olhos que eram fontes de misericórdia assistem impotentes ao crescimento do pecado. Que fazer, então, desviar-se, desesperar-se? Não, *ama-o mais que a mim* (o ministro ama, então, a Francisco e este o sabe...). A única atitude justa nesta situação que parece desesperada é permanecer no amor, imitando a Deus cujo *amor não se esgota e cuja compaixão cada manhã se renova* (Lm 3,22-23). Pois, o amor de compaixão — a piedade — é mais forte diante de quem está gravemente atingido em seu corpo e em sua alma. É por isso que o ministro é convidado a amar a seu irmão infeliz mais que a Francisco, espiritualmente com saúde.

Esse texto é um hino à misericórdia. Exprime em termos e por meio de situações concretas a mensagem central dos evangelhos: Deus ama os pecadores e os doentes e é para salvá-los que o Filho veio ao mundo. Mesmo onde o pecado é abundante, a graça pode ser superabundante (Rm 5,20) e jamais é permitido desesperar da misericórdia de Deus.

Sexto dia

ITINERÁRIO ESPIRITUAL

Chegar até a ti, Altíssimo

Deus todo-poderoso, eterno, justo e misericordioso,
   dá-nos, a nós miseráveis, por causa de ti mesmo, fazer o que sabemos que queres
   e sempre querer o que te agrada,
a fim de que interiormente purificados, interiormente iluminados e abrasados com o fogo do Espírito Santo
   possamos seguir os rastros de teu Filho bem-amado,
   nosso Senhor Jesus Cristo,
e só por tua graça chegar a ti, Altíssimo,
   que em Trindade perfeita e em simples Unidade,
   vives e reinas e és glorificado,
Deus todo-poderoso, por todos os séculos dos séculos.

Carta à Ordem (50-52)

Nos últimos anos de sua vida (cerca de 1224...), Francisco repensa nas diversas experiências que viveu e que lhe ensinaram quanto o itinerário espiritual é longo e largo. Antes de falar de uma maneira teórica, é no quadro de uma oração, de estrutura e de estilo litúrgicos, que ele vai no-lo descrever. Essa oração termina uma longa carta dirigida, por causa da doença, a todos os irmãos.

Os numerosos nomes dados a Deus exprimem sua grandeza: *todo-poderoso, altíssimo, eterno,* e sua relação com o homem: *justo, misericordioso.* A abordagem de Deus jamais é neutra: seu mistério revela-se ao homem antes como uma alteridade, que ultrapassa toda experiência por sua elevação absoluta, seu majestoso poder e sua existência para além de toda duração. Ao mesmo tempo que esta transcendência, que Francisco põe sempre em primeiro plano, manifesta sua relação com o homem: é um Deus que vê o íntimo do homem, discerne e pesa o bem e o mal porque é *justo.* E quando seu olhar descobre a fragilidade, a impotência e a miséria que caracterizam o ser humano, é sua emoção, sua prostração de espírito, sua piedade *misericordiosa* que se revela. Esta dupla face do mistério divino, longe de manter Francisco à distância, o leva a ir à frente na exploração das insondáveis riquezas de Deus. Deus não é um ser imobilizado, estático: há as realidades em que se compraz e que quer; em relação ao homem ele é generoso, é doador.

É por isso que Francisco pode falar *do que agrada* a Deus, *do que ele quer* e, como um pobre, dirigir-se a ele dizendo, em nome de todos os homens: *dá-nos*. Para completar esta linguagem sobre Deus, é preciso ainda ressaltar as três expressões da penúltima linha do texto: *tu que vives e reinas e és glorificado*. Deus é vida transbordante, "fonte perpétua de imprevisível novidade", ele reina, não como senhor despótico mas como alegre "coreógrafo de imortalidade", brilha em esplendor glorioso.

Aquele a quem se dirige a oração não é Deus em si: é o Deus da revelação, *Pai do Filho bemamado, nosso Senhor Jesus Cristo*. Trata-se também do *Espírito Santo*. Assim, é o mistério total do Deus vivo que é focalizado num texto, não obstante, breve. Duas expressões tomadas da liturgia vêm, aliás, sublinhá-lo: *Trindade perfeita e simples Unidade*. Poder-se-ia ver aí apenas uma retomada de fórmulas estereotipadas. Contudo, se se tenta penetrar seu sentido que não escapou a Francisco — a palavra *Trindade* em seus escritos é cada vez acompanhada por seu contrário: *Unidade* — fica-se tocado pela profundeza de sua intuição teológica. *Trindade perfeita* é a afirmação da alteridade, da diferença real que existe entre cada uma das pessoas no interior da comunhão divina. Cada um é ele mesmo, distinto, outro, perfeitamente aceito e respeitado como tal. Isto, porém, no interior da *simples Unidade*. A diversidade, a autonomia, longe de levar à ruptura, ao afastamento ou à divisão, reflui no Uno. Alteridade e Unidade, sempre em tensão impossível no homem, fundem-se em maravilhosa harmonia em Deus Trinitário. O outro e o mesmo não se excluem nem se neutralizam. Nisso o mistério da Trindade é um modelo e um apelo para toda relação humana.

E eis, em contraste com esta plenitude suntuosa e exuberante, a mesquinha criatura designada com um só nome: *miserável*, ou pobre. Dir-se-ia que esta palavra de miséria, de infelicidade aí está para atrair para mais perto a misericórdia, que é a maneira de Deus de se comportar em relação aos homens; pois se o homem é um ser de miséria, o que Francisco repetirá muitas vezes não é menos capaz, com o auxílio de Deus, *por causa dele mesmo e só por sua graça,* de realizar muitas coisas. Ele pode *saber* o que Deus quer, descobrir, em sua vida e na mensagem que lhe é dirigida, o desígnio de Deus para ele. Pode, até, *querer* com desejo cordial e por decisões eficazes o que agrada a Deus, como Jesus, que faz "sempre o que agrada a seu Pai" (Jo 8,29). Pode, sobretudo, *fazer*, realizar concretamente, após ter descoberto suas dimensões, a vontade de Deus. Bem mais, é capaz, depois de ter-se abandonado ao trabalho do Espírito sobre si, de *seguir os traços* do Cristo e de *chegar* ao cimo supremo, ao encontro do Pai em seu mistério trinitário de vida plena e de glória. Uma vez mais, o *miserável* não é condenado ao fechamento em sua miséria; Deus o chama para um alto destino, traça-lhe o caminho e dá-lhe, para realizá-lo, os dinamismos necessários.

Neste comportamento humano, Francisco distingue dois aspectos: ativo e passivo. Ele supõe que o homem sabe, ou ao menos pode saber, qual é a vontade de Deus; que está em seu poder maravilhar-se com o que agrada a Deus e, sobretudo, passar aos atos para cumpri-lo. Isto, porém, não basta. Outras exigências impõem-se, que a atividade humana sozinha não pode executar. Será preciso passar por um caminho em que a iniciativa do itinerário cabe não ao homem mas ao Espírito Santo. É o aspecto passivo, descrito por estas linhas:

> *a fim de que interiormente purificados,*
> *interiormente iluminados*
> *e abrasados com o fogo do Espírito Santo...*

O homem voltou-se para Deus, pedindo-lhe a graça de pôr-se a caminho, para realizar seu projeto de amor. Imediatamente, toma consciência de que se trata de uma tarefa que ultrapassa as decisões e os comprometimentos humanos, que é necessária uma intervenção vinda de fora. Esse de fora é o Espírito do Pai e do Filho, o Sopro santo, que é também fogo que se propaga em incêndio. Só ele está em condição de submeter o coração a uma misteriosa alquimia, purificá-lo em profundidade, interiormente, de todas as suas impurezas, irradiar sobre ele sua luz resplandecente, abrasá-lo, sobretudo, com seu fogo. Esta tríplice transformação (as três vias da tradição espiritual: purificação, iluminação, união), Francisco a atribui diretamente ao Espírito Santo, fogo que purifica, ilumina e queima com amor. A atividade humana desaparece e cede lugar a uma energia divina, única a poder realizar aquilo de que nenhum homem é capaz: ser abrasado de amor.

Pouco a pouco, começa-se a ver mais claramente o que significa a expressão um pouco vaga: *fazer o que sabemos que tu queres*. O que o Pai quer é ver o homem revestido de seu Espírito, entregue à sua misteriosa operação que fará dele um homem puro, clarividente e tomado de amor. Só então ele poderá ir nos traços de seu Filho Bem-Amado. Seguir os traços do Cristo, como pede a Primeira Carta de Pedro (2,21) que Francisco cita várias vezes, não significa, em primeiro lugar, refazer os gestos da vida humana de Jesus como se estivéssemos em sua companhia, mas entrar na globalidade do mistério de sua vida, de sua morte e de sua glória. É reviver a *bem-aventurada Paixão* do Senhor, aceitar em humildade e pobreza interiores contradições e sofrimentos da vida, na fidelidade ao Evangelho e a suas promessas.

A caminhada nos traços do Cristo que se situa no centro da oração não é, contudo, o objetivo último: embora central, continua sendo ainda uma etapa. O fim para o qual tudo converge é expresso por estas três palavras:

chegar a ti.

O fim do caminho é o encontro do homem com Deus. Caminha-se à maneira do Filho e com ele, tendo no coração o fogo do Paráclito que nele continua sua obra. Enfim, um dia — mas quando? — se atingirá o alvo. Será a chegada ao cume; onde nos espera aquele para quem fomos feitos e que tudo em nós jamais deixou de procurar e de desejar, nem que fosse por caminhos tortuosos. Ele é o Pai para quem nos impulsionava o Espírito e nos conduzia o Filho, só ele é o Altíssimo, contudo, jamais solitário, pois é pluralidade (Trindade) e unidade ao mesmo tempo. Chega-se aí não para assistir a um espetáculo, mas para partilhar, como amigo e parceiro, a vida, o reino e a glória daquele que se dá a nós, depois de ter-nos atraído para si. Esta intimidade inaudita, porém, não implica em Francisco uma familiaridade demasiado grande: Deus continua sendo eternamente o *Altíssimo* (em relação ao homem) e *todo-poderoso*.

Todas essas admiráveis perspectivas estão contidas num texto formado de uma só frase e apresenta-se como uma oração. Esta se faz ainda notar pela insistência na súplica. Para fazer valer seu pedido, vê-lo atendido, se a miséria do homem é mencionada, é contudo a Deus mesmo, ao que ele é que se apela: *por causa de ti mesmo*. É porque Deus é Deus, porque seu ser profundo não está centrado em si mesmo, mas aberto e voltado para o homem, que para apoio de cada pedido pode-se apelar a este abismo, a esta paixão de amor que ele sente pelo homem.

Embora propondo ao homem fortes exigências e estimando que ele é capaz de corresponder-lhes, Francisco sabe, com São Paulo e toda a tradição cristã, que tudo vem de Deus e tudo dele depende. Se ele não diz que o homem é salvo só pela fé, dirá, e sem dúvida é ainda mais radical: *só por tua graça* como aqui e alhures: *só por tua misericórdia* (1 Reg 23,8). Certamente, para ser levado pelo rio de benevolência e de ternura (graça e misericórdia), é preciso lançar-se em suas águas, mas essas águas não cessam de jorrar do próprio coração da Trindade para a salvação do mundo.

Sétimo dia

O CORAÇÃO PURO

Felizes os corações puros, porque eles verão a Deus.
Verdadeiramente têm o coração puro os que olham do alto as realidades terrestres, procuram as realidades celestes e não cessam jamais de adorar e de ver, com um coração e um espírito puros, o Senhor Deus vivo e verdadeiro.

16ª Admonição

Como, por que iniciativas, que olhar ou intuição, pode-se chegar ao conhecimento experimental de Deus? É a tal pergunta que Francisco quer responder, comentando a bem-aventurança dos corações puros.

Não é pelo olho que o homem aproxima-se de Deus, mas *pelo coração*, o que, no vocabulário bíblico que é o de Francisco, designa o centro unificador da pessoa, sua última profundeza, o peso que o constitui e o mobiliza. A esta palavra *coração*, Francisco acrescenta, conforme seu costume, uma outra palavra, *espírito*, significando, ao lado de um dinamismo em si cego, a luz do conhecimento, "a inteligência do coração".

É, então, só o *coração*, iluminado pelo conhecimento, que encontra Deus.

E este coração deve ser *puro*. A primeira e toda interpretação espontânea deste termo puro seria: sem mancha, sem sujeira alguma. Ora, além de ser uma exigência impossível de se realizar nesta vida — qual é, com efeito, um coração sem sujeira? — e que poderia, por isso, levar ao desespero, tal não é o sentido bíblico nem o que Francisco dá à palavra puro. Assim como o explica o texto da Admonição, o coração puro é um coração livre da superficialidade e centrado sobre o que importa, o que é verdadeiro. Ter o coração puro é:

olhar do alto as realidades terrestres,
procurar as realidades celestes,
jamais cessar de adorar e de ver a Deus.

Para Francisco, isso implica certa atitude a respeito da realidade. Esta é vista em seu duplo componente: *terrestre* — imediata, perceptível — e *celeste*, a de fora, "do alto", em si inacessível aos sentidos. O que é *terrestre*, o lado empírico, pragmático das coisas, será olhado de outro modo, do alto, de longe. Ver as realidades terrestres de outro modo quer dizer perceber sua relatividade — para não colocar nela todo seu coração — e a abertura para o além, para a profundeza interior a toda coisa. O *celeste*, é precisamente esta dimensão do mistério presente em tudo e cujo centro absoluto é o próprio Deus. Se é preciso olhar do alto, como de passagem, com um olhar que visa mais fundo, o real imediato, é preciso procurar, vigiar sem cessar, estar em busca permanente do que se deixa entrever no fundo, ou acima de tudo, *o Senhor Deus*. O que não é um conceito inanimado ou um ídolo enganador, mas o Senhor *vivo e verdadeiro*.

O contato com o mistério do Deus vivo e verdadeiro — através das realidades terrestres vistas de outro modo e por uma busca incessante do real celeste — realiza-se na adoração e na visão: *eles não cessam jamais de adorar e de ver*. Não é a visão (olho) que é primeira mas a adoração que é assunto do coração. *Adorar* indica o movimento de admiração, de arrebatamento, de prosternação interior e exterior que se apodera do homem quando se aproxima do mistério inacessível. Essa adoração do coração é, contudo, acompanhada pelo *ver*, palavra que, na linguagem joanina familiar a Francisco, designa a fé e o conhecimento experimental.

Assim, este breve comentário da bem-aventurança apresenta em uma descrição condensada a estrutura fundamental da descoberta e da aproximação de Deus. Um coração que, unificado e centrado, procura e busca através de todas as realidades, tanto terrestres quanto celestes, o que é o único objeto de seu desejo, de sua adoração e de sua visão: o Deus vivo. É isto, para Francisco, o coração puro. Não um coração livre de toda impureza, mas um coração que esqueceu suas virtudes e seus pecados, que saiu de si mesmo para pôr-se na busca daquele que está presente em toda parte e em nenhum lugar.

Depois desta descrição um pouco esquemática da caminhada de um coração puro, meditemos uma exortação apaixonada, em que Francisco, dirigindo-se a seus irmãos — e além deles a todos os homens — suplica-lhes não esquecer o essencial: *ter o coração voltado para Deus*.

> *Tenhamos cuidado, todos nós...*
> *com medo de que, sob pretexto de algum salário, de algum trabalho ou de algum serviço,*
> *não percamos nosso espírito e nosso coração ou que não os desviemos do Senhor.*
> *Mas na santa caridade que é Deus, eu peço a todos...*
> *uma vez todo impedimento afastado e todo cuidado e toda preocupação deixados de lado,*

que procurem, da melhor maneira possível, servir, amar, honrar e adorar o Senhor Deus,
com um coração puro e um espírito puro, o que ele procura acima de tudo.
E façamo-lhe sempre uma habitação e uma morada, para ele que é o Senhor Deus todo-poderoso, Pai e Filho e Espírito Santo...
1ª Regra 22,25-27

Não se pode nem adorar nem ver a Deus senão com um coração desejoso e, por isso mesmo, puro. Mas isso não vai por si. Tomado pela rede múltipla de seus trabalhos e preocupações, preso e dispersado por eles, o homem pode esquecer a preocupação última que visa a experiência de Deus e, a partir dela, uma outra percepção do mundo.

Não é preciso *perder* esta abertura, esta ferida do coração, não é preciso *desviá-la* para outro lugar, senão para aquele que, somente ele, pode curá-la. Apresentam-se muitas coisas para fazer, que em si são justas e até necessárias. É normal que se ganhe a vida *(salário)* e que, para isso, se *trabalhe*; os *serviços* a prestar impõem--se como dever ou caridade. Contudo, não é preciso que *sob pretexto* destas ocupações inevitáveis e indispensáveis o coração se desvie de

Deus. É preciso executá-las porque fazem parte da existência, mas de modo que o cuidado último não seja posto em segundo plano nem abafado. Certamente, um equilíbrio perfeito jamais é dado, nem definitivamente adquirido. As ocupações humanas, as mais diversas, tomam a maior parte da vida e requerem aplicação, atenção, competência. O esforço e a concentração que exigem podem apoderar-se do coração profundo e torná-lo distraído quanto ao *que Deus pede acima de tudo*. A solução, contudo, não se encontra na supressão ou na redução das atividades correntes da vida, mas na maneira de administrá-las.

É em nome do que há de maior e de mais sagrado, *a santa caridade que é Deus,* que Francisco nos suplica que *afastemos todo impedimento, que deixemos de lado toda preocupação e todo cuidado*, que não nos deixemos, numa palavra, seduzir e fascinar pela distração. Para fazer isso, nenhum meio é indicado ou sugerido. Sem dúvida, aos olhos de Francisco, este meio não é fugir do obstáculo mas concentrar-se no alvo a atingir. Este alvo é *servir, amar, honrar e adorar o Senhor Deus da melhor maneira possível*. Se nenhuma prescrição particular é dada, um largo espaço é aberto à iniciativa e ao discernimento pessoal: cada um deve encontrar *a melhor maneira possível,* segundo sua experiência, suas forças, seu ritmo. O alvo a perseguir é caracterizado por quatro palavras que se seguem numa ordem que, talvez, não seja devida ao acaso: *servir, amar, honrar e adorar*. O *serviço* é o cumprimento concreto das exigências do Evangelho em relação a Deus e aos homens, fidelidade aos mandamentos no concreto da vida. O *amor* está no acolhimento desconcertante e comovido do amor de Deus para com o homem e na tímida tentativa de nossa resposta. As duas palavras seguintes, que fazem dupla, *honrar e adorar*, pertencem à mesma categoria: diante do mistério de Deus, o homem, mesmo tomado pelo amor, não pode manter-se senão numa atitude de soberano respeito, de temor adorador. Este movimento de todo o ser — coração e espírito puros — é o que Deus *procura acima de tudo*. O homem não é o único a buscar. Deus também é um ser de desejo, que o leva para o homem. Mais que tudo, acima de sua autossuficiência e de sua felicidade, ele procura a companhia do homem.

É precisamente nesta intimidade inaudita entre Deus e o homem que nos introduz a última passagem do texto. Ela combina uma alusão ao Evangelho de João (14,23): "viremos a ele e faremos nele nossa morada", com uma outra tirada da Carta aos Efésios (2,22): "tornar-se uma habitação de Deus no Espírito". Todos os passos descritos: libertação dos cuidados, esforços de serviço, de amor e de adoração, unificação e pureza do coração e do espírito, terminam na vinda secreta do Pai, Filho e Espírito a este mesmo coração. Este torna-se, então, uma casa, uma morada. A habitação, o estar dentro recíproco, "como tu, Pai, estás em mim e eu em ti, para que eles também estejam em nós" (Jo 17,21), ultrapassa até a imagem da união conjugal em que subsiste a justaposição. Estar dentro um no outro, sem perder sua alteridade, é o sonho supremo de todo amor. O que se realiza em plenitude inefável na comunhão trinitária é oferecido como um dom gratuito àquele que, com um coração puro, *jamais cessa de adorar e de ver o Senhor Deus vivo e verdadeiro.*

Oitavo dia

O QUE VÊ
O CORAÇÃO PURO

O Pai e sua obra

Todo-poderoso, santíssimo, altíssimo e soberano Deus, Pai santo e justo, Senhor do céu e da terra
nós te damos graças por causa de ti mesmo
porque, por tua santa vontade
e por teu Filho único,
com o Espírito Santo,
criaste todas as coisas espirituais e corporais,
e a nós, feitos à tua imagem e à tua semelhança,
tu nos colocaste no Paraíso.
E nós, por nossa falta, caímos.

E nós te damos graças
porque, como nos criaste por teu Filho,
também, pelo santo amor com que nos amaste,
o fizeste nascer
verdadeiro Deus e verdadeiro homem,
da gloriosa, sempre virgem
e muito bem-aventurada Santa Maria

*e por sua cruz e seu sangue e sua morte
quiseste nos resgatar, nós os cativos.*

*E nós te damos graças
porque teu Filho mesmo voltará
na glória de sua majestade
para enviar os malditos
que não fizeram penitência e não te conheceram
ao fogo eterno,
e para dizer aos que te conheceram, adoraram
e serviram na penitência:
Vinde os benditos de meu Pai,
recebei o reino
que vos foi preparado desde a origem do mundo.*

1ª Regra 23, 1-4

O admirável hino de ação de graças que Francisco coloca como conclusão da 1ª Regra, quando canta liricamente o mistério de Deus em sua comunhão trinitária, não o separa de sua obra que se desenvolve na história. O que o coração puro vê é evidentemente, em primeiro lugar, a magnificência do *Pai santo com seu Filho bem-amado e o Espírito* Paráclito, mas é também, indissoluvelmente, *o homem imagem de Deus,* e com ele, *todas as coisas espirituais e corporais.* O objeto da visão espiritual é a totalidade do real, com seu fundamento e seu centro: Deus Trino em quem se origina e *pelo santo amor* do qual se desenrola a aventura humana.

Também a contemplação do mistério, tendo como ponto focal o Pai em sua soberana elevação, alarga-se até a comunhão trinitária com insistência sobre o papel do Filho e apoia-se em seguida na totalidade da obra divina, em sua *economia*.

No centro desse texto troneja a *figura do Pai*, cuja grandeza é sugerida pela acumulação de nomes e de atributos (9 ao todo!) que se referem todos à sua transcendência. Ele é poderoso, separado, totalmente outro, elevado acima de tudo, senhor do universo, Deus! Só o nome de Pai — *santo e justo*, como o chama Jesus no Evangelho de João (17,11-25) — o aproxima do homem.

A ação de graças que surge por três vezes dirige-se primeiramente a ele, por meio de uma expressão densa e misteriosa: *por causa de ti mesmo*. O homem dá graças a Deus *por sua imensa glória*, independentemente de sua obra, simplesmente porque Deus é Deus. Visto que a interioridade divina não é fechamento em si: *a santa vontade* do Pai, seu projeto fundado sobre *o santo amor com que nos amou*, o fazem sair de si mesmo e modelar com *suas duas mãos* — seu Filho único e o Espírito Santo — o universo, o homem e sua história. O mais profundo de Deus, seu "ele mesmo", é tomado como estando já voltado para o homem; sua vontade, seu amor vibram de uma *santa* impaciência para se dirigir ao homem.

O Pai que recebe a adoração e a ação de graças jamais aparece sem o Filho. A façanha do *Filho único*, o único, o bem-amado, como Isaac para Abraão; sua participação na obra criadora, seu nascimento na carne, sua identidade de *verdadeiro Deus e verdadeiro homem*, sua paixão redentora: cruz, sangue e morte, assim como sua vinda final *na glória de sua majestade* são desenhadas com nitidez. Se é o Pai que age, ele sempre põe seu Filho na frente.

O Espírito só aparece uma vez no texto como uma força de vida que intervém ao lado do Filho na obra da criação.

Quanto ao *homem*, ele está presente em cada linha do poema: ele é este *nós* que canta a ação de graças. Em verdade, tudo é centrado nele como em Deus. É nele, como num coroamento, que termina a criação *das coisas espirituais e corporais*; imagem gloriosa e semelhança da Trindade, ele foi feito para a felicidade paradisíaca. Sua falta, que o tornou escravo do pecado e da morte, não fez senão despertar *o santo amor* do Pai e o levou ao envio de seu próprio Filho ao mundo, para nossa libertação. Assim, o homem é colocado diante de uma escolha dramática: ou *conhecer Deus, adorá-lo e servi-lo* pela mudança radical de vida *(a penitência)* ou recusar-se a isso para sua própria desgraça. Pois, os que não acolheram tal amor, não o reconheceram e não quiseram mudar de vida, excluem-se da salvação. O fogo do amor, em lugar de abrasá-los, os devora. Contudo, os que se ofereceram a ele, alcançam a felicidade que os espera desde a criação do mundo onde, *benditos do Pai*, reinarão para sempre com ele.

Não falta neste afresco a dimensão cósmica. Antes mesmo da criação do homem, é-nos apresentada como obra de amor a obra das coisas *espirituais*: mundo invisível, sobretudo angélico, que Francisco evoca muitas vezes em seus escritos; e *corporais*, realidades sensíveis.

A visão que Francisco apresenta não é estática: move-se na história, desde as origens paradisíacas até à consumação. Fazem parte dessa história três etapas: a criação e a queda do homem; o nascimento do Filho e sua morte salvadora; enfim, a parusia gloriosa e a volta ao paraíso, *ao reino preparado desde a origem do mundo*. Notar-se-á a menção de preferência reservada à *gloriosa, sempre virgem e bem-aventurada santa Maria*: quatro qualificativos são-lhe consagrados.

O que seu coração e seu espírito percebem, Francisco não o relata numa exposição abstrata: é no quadro de um hino lírico, eucaristia e doxologia, que ele celebra o admirável desígnio do Pai, realizando-se no mundo. A grandiosa visão do Deus Trinitário envolvido num combate de amor com o homem suscita em Francisco a admiração e a ação de graças. O que ele contempla, a realização do projeto *da santa vontade e do santo amor*, é belo, harmonioso. É um verdadeiro *teodrama* com diversos atores: Pai-Filho--Paráclito, a Virgem Maria e o homem, imagem de Deus, com destino oposto. Diante de tal maravilha, que pode o homem fazer senão *dar graças*: reconhecer a benevolência e o esplendor que aí se manifestam e proclamar a livre gratuidade em alta voz.

Este texto, cujos eixos maiores acabam de ser postos em evidência, pode ser considerado com justiça como um paradigma da contemplação, tal como Francisco a concebe. Ele responde à questão: o que vê um coração puro quando entra em contato com o mistério de Deus? A resposta é: ele vê tudo, mas de outro modo. Ele vê tudo: vê o Pai celebrado por causa dele mesmo e agindo na história com seu Filho e o Espírito; vê *o mundo repleto de Deus, Deus que o enche e o ultrapassa* (Ângela de Foligno); vê o homem em sua excelência e em sua miséria, da qual Deus o salva. Vê *o universo visível e invisível*; vê o progresso *do santo amor* de Deus através das peripécias da história. Assim, *contemplar*, para Francisco, é ter uma visão total, "holística", hierarquizada e equilibrada da realidade verdadeira.

A admiração que suscita tal visão jorra em ação de graças apaixonada, que o homem por demais frágil não pode terminar, de tal modo que passa a responsabilidade para o Filho e para o Santo Paráclito. Assim, é por uma epiclese que termina a eucaristia cantada por Francisco:

> *E porque somos todos miseráveis e pecadores,*
> *não somos dignos de pronunciar teu nome,*
> *nós pedimos suplicando*
> *que nosso Senhor Jesus Cristo, teu Filho bem-amado*
> *em quem te comprazeste,*
> *te dê graças por tudo*
> *com o Espírito Santo Paráclito*
> *como te agrada e como lhe agrada,*
> *ele que sempre te basta em tudo*
> *e por quem tanto fizeste para nós. Aleluia.*

Nono dia

O VERBO DO PAI

Tão digno e tão santo

*Nosso pão de cada dia
teu Filho bem-amado, nosso Senhor Jesus Cristo,
dá-nos hoje
em memória e inteligência e reverência
do amor que ele teve para nós
e do que para nós disse, fez e suportou.*

Comentário do Pai-nosso, 6

Começando a oração do Senhor, o *Pai-nosso*, Francisco dá ao pedido do pão cotidiano uma significação diretamente cristológica. O pão de cada dia, sem o qual o homem não pode viver, é o *Filho bem-amado, nosso Senhor Jesus Cristo*. Para que a vida do crente tenha um sentido, para que ela desabroche e permaneça, é-lhe necessário encontrar Jesus Cristo. O que Francisco vê em primeiro lugar, no mistério de Jesus, é *o amor que ele teve para nós*. Comer este pão, que é Jesus, é receber plenamente no coração a revelação desconcertante de seu amor extremo para todos os homens. A expressão *para nós* que se encontra nos grandes eixos do Credo — "*para nós* homens e para nossa salvação desceu do céu; crucificado *para nós* sob Pôncio Pilatos" —, volta duas vezes no breve texto de Francisco. Ela exprime a certeza e a emoção profunda do homem diante do amor incompreensível. Este amor de Jesus manifestou-se em sua palavra, em seus gestos e nos sofrimentos suportados: *o que ele disse, fez e suportou*. O centro ardente do mistério de Jesus é seu amor, atestado por seu ensinamento, sua obra e sua paixão.

Comer este pão quer dizer acolher e guardar em sua *memória* a lembrança de Jesus, esforçar-se para penetrar as insondáveis riquezas por um esforço de *inteligência,* por meio de uma atitude adoradora, cheia de *reverência.* Uma vez mais, Francisco condensa, em uma frase breve e simples, todo um método de aproximação contemplativa da pessoa de Jesus: recordar, compreender, adorar, não aspectos exteriores, mas o coração de tudo: *o amor que ele teve para nós.*

Em uma outra passagem, que abre sua exposição sobre a vida cristã no mundo, Francisco apresenta de um modo mais amplo sua visão do mistério do Verbo feito carne.

*O Verbo do Pai,
tão digno, tão santo e tão glorioso,
 o Pai altíssimo o enviou do céu por São
Gabriel, seu anjo,
ao seio da santa e gloriosa Virgem Maria,
foi de seu seio que o Verbo recebeu
a verdadeira carne de nossa humanidade e
de nossa fragilidade.*

*Ele que foi rico acima de tudo,
quis ele mesmo no mundo,
com a muito bem-aventurada Virgem, sua mãe,
escolher a pobreza.*

*E perto da Paixão,
ele celebrou a Páscoa com seus discípulos,
e tomando o pão, deu graças
e o abençoou e partiu dizendo:
 Tomai e comei, isto é o meu corpo.
E tomando o cálice, disse:
 Este é o meu sangue,
o da nova aliança,
que por vós e por muitos será derramado,
em remissão dos pecados.*

*Em seguida, ele rezou ao Pai, dizendo:
Pai, se é possível, que este cálice passe longe
de mim.
 E seu suor tornou-se como gotas de sangue, correndo até a terra.*

*Ele, contudo, pôs sua vontade na vontade do
Pai dizendo: Pai, que tua vontade seja feita,
não como eu quero, mas como tu queres.*

*E tal foi a vontade do Pai:
que seu Filho bendito e glorioso,
que ele nos deu e que nasceu por nós,
se oferecesse a si mesmo por seu próprio sangue
em sacrifício e como vítima sobre o altar da cruz:
não por ele por quem tudo foi feito,
mas por nossos pecados,
deixando-nos um exemplo
para que seguíssemos seus traços.*

2 Carta aos cristãos, 4-13.

Admiramos nesse afresco o equilíbrio e a justeza teológica, ao mesmo tempo que um estilo proclamador lírico.

Tudo aí nos fala do Filho, mas este Filho é, aqui ainda, inseparável do Pai, sempre em sua presença, continuando com ele um diálogo doloroso e confiante. Deste Pai ele é a Palavra, o Verbo, *digno, santo, glorioso,* despertando no homem o sentimento de admiração e de respeito. Ele é *rico acima de tudo* (2Cor 8,9), em razão da plenitude do ser divino que possui com o Pai e o Espírito, *e tudo foi feito por ele.* Francisco, em harmonia com a fé da Igreja confessada no Credo, considera o mistério do Cristo de cima, de um modo descendente. Com efeito, é o Pai altíssimo que, do céu, envia sua Palavra retumbante para que ela assuma, em silêncio, *a verdadeira carne de nossa humanidade e de nossa fragilidade*. Não é em seu valor e dignidade, mas em seus limites e fragilidade — sofrimento, morte — que a verdadeira carne da humanidade é aqui evocada.

A descida das alturas da glória à fragilidade da carne, anunciada por um mensageiro, o anjo Gabriel, realiza-se no seio *da santa e gloriosa Virgem Maria*. Santa e gloriosa, então, é aquela que vai dar à Palavra tão digna do Pai a carne na condição de sofrimento e de morte. Bem mais, vai ser cúmplice e companheira de seu Filho na escolha da pobreza. Pobreza de bens, sem dúvida, mas antes de tudo situação obscura, apagada, humilde, daquele "que se aniquilou tomando a condição de servo" (Fl 2,7). "Ele desceu do céu e... tomou carne da Virgem Maria" é dramatizado por Francisco; ele acentua o contraste entre a altura, a glória e a fragilidade da carne. Da vinda na carne, Francisco, não considerando a vida terrestre de Jesus, passa diretamente não para a Paixão mesma mas *para a Páscoa que Jesus celebrou com seus discípulos*. À maneira de um liturgo, refaz solenemente a narração da instituição da eucaristia. A eucaristia como memorial vivo da Morte-Ressurreição do Senhor, que *não deve mais morrer porque é eternamente vencedor e glorioso* (CO 22), ocupa um lugar importante em sua visão. É por ela, rito e sacramento, que o *Senhor está sempre com seus fiéis, segundo sua palavra: eu estou convosco até o fim dos séculos* (Adm 1,22). O que ele disse, fez e sofreu por nós, tornou-se presente no acontecimento pascal do Crucificado-Ressuscitado.

A realidade profunda da eucaristia, além da presença do corpo e do sangue, é, segundo Francisco, a entrega confiante do Filho nas mãos rudes do Pai. Perturbado pela perspectiva de seu destino — paixão e morte — até suar sangue, o Filho deseja ser libertado, embora abandonando-se totalmente à vontade do Pai. Quando ele fala do Filho entregando-se à vontade do Pai, Francisco utiliza termos de ternura e o chama de *bendito e glorioso*. Este Filho foi dado e nasceu para nós — alusão a um texto de Isaías proclamado no Natal (Is 9,5) que Francisco retoma em seu Salmo para esta festa (SM 15,7). O Filho bendito, o menino dado a nós e recebido, será, como e mais que Isaac, oferecido em sacrifício. Diferentemente de Isaac (Gn 22,16), pois foi-lhe pedido que se oferecesse livremente, por seu próprio sangue, em sacrifício litúrgico sobre o altar da cruz. Não será a mão do Pai que o imolará: sacerdote, ele é sua própria vítima. Que significa esta linguagem sacrificial: oferecer-se, sangue, sacrifício, vítima, altar? Emprestadas do Antigo Testamento e também da Carta aos Hebreus, estas imagens evocam o dom total, o sacrifício feito por amor aos homens. Amor do Pai que não poupou seu próprio Filho, mas o entregou por nós (Rm 8,32), amor do Filho que se sacrifica, não para si, mas em troca de, ou antes, por causa de nossos pecados.

Fica-se surpreso em não ver mencionada a Ressurreição neste desenvolvimento da ação pascal do Cristo. Não é que Francisco a ignore ou a passe em silêncio. No Salmo que compôs para a Noa de Sexta-feira Santa — hora da morte do Cristo — depois de uma descrição detalhada dos sofrimentos e da descida *ao pó da morte*, ele põe na boca do Crucificado este canto de triunfo:

> *Eu dormi e me levantei*
> *e meu Pai santíssimo me recebeu com glória.*
> *Pai santo, tu seguraste minha mão direita*
> *e em tua vontade me conduziste*
> *e com glória me levaste...*
> *...*
> *Vede, vede, pois eu sou Deus, diz o Senhor*
> *e serei exaltado entre os povos*
> *e serei exaltado na terra...*
> *...*
> *E nós sabemos que ele vem,*
> *que virá julgar a terra.*
>
> Salmo 6

Assim, para Francisco, inspirado pelo Evangelho de João (Jo 8,28;12,32), a elevação de Jesus na cruz é ao mesmo tempo subida para a glória, manifestação de seu senhorio universal, anúncio da volta. Sua visão do Cristo não deixa cair nenhum elemento importante do mistério.

A frase final do texto fala do *exemplo que nos deixou Jesus para que seguíssemos seus traços*. Esta passagem, tirada da Primeira Carta de São Pedro (2,21), ocupa um lugar importante na espiritualidade de Francisco: ele a cita cinco vezes em seus escritos. Não se trata, como o contexto o indica, de reproduzir os fatos e os gestos da vida terrestre de Jesus, mas de tomar emprestado e de percorrer todo seu itinerário: desde o seio do Pai até a volta em glória. Entrar no mistério da humilhação e da pobreza do Verbo *deixando os tronos reais para vir ao seio da Virgem* (Adm 1,16); beber do cálice eucarístico em que brilha *o sangue do amor incorruptível* (Inácio de Antioquia); entregar, em todo acontecimento e situação, *sua vontade à vontade do Pai*, se for preciso até a morte; entrar depois dos sofrimentos da paixão, na glória para onde o Pai leva seu Filho, para *estar lá onde ele está e para ver esta glória* (Jo 17,24; 1 Reg 22,55), é bem isso *seguir os traços do Cristo*.

É a uma tal contemplação que conduz *a memória, a inteligência e a reverência do amor que Jesus Cristo teve por nós e do que para nós falou, fez e suportou*.

Décimo dia

A GLORIOSA SENHORA E OS SANTOS

Salve, Senhora, rainha santa,
santa Mãe de Deus, Maria
que é virgem feita Igreja.

Escolhida pelo Pai santíssimo do céu,
tu que ele consagrou com seu santíssimo Filho bem-amado
e o Espírito Santo Paráclito,
tu em quem estiveram e estão
toda plenitude de graça e todo bem.

Salve, tu seu palácio.
Salve, tu seu tabernáculo.
Salve, tu sua casa.
Salve, tu sua veste.
Salve, tu sua serva.
Salve, tu sua mãe.

Saudação à Virgem Maria

Cada vez que Francisco contempla em sua globalidade o mistério de Deus e de sua obra no mundo — como nas duas meditações precedentes — aparece a figura da Virgem Maria. Ela é como uma linha divisória que marca o antes e o depois, a porta pela qual a salvação faz sua entrada no mundo. Seu nome Maria está engastado em numerosos qualificativos que põem em relevo sua dignidade: ela é *gloriosa, sempre virgem, muito bem-aventurada, santa* (1 Reg 23,3; 2 CF 4,5). Além desta apresentação situada no interior da história da salvação — Francisco não pode falar da salvação pelo Cristo sem mencionar Maria em seu lugar, que é grande — dois belíssimos textos são-lhe consagrados explicitamente. O primeiro é um canto de admiração e de louvor chamado *Saudação à Virgem Maria*. Nenhum pedido, nenhum louvor, nem ação de graças são nele formulados, nada mais que um puro olhar totalmente desprendido de si mesmo, amorosamente centrado no objeto de sua contemplação.

A primeira frase começa pela palavra latina *Ave* (traduzida por *salve*), e acumula quatro nomes: *senhora, rainha, virgem, mãe,* qualificados pelo adjetivo *santa*. É com um grande respeito, uma grande cortesia, que Francisco dirige-se a Maria, Senhora e Rainha: ela não é uma mulher banal, mas *a santa mãe de Deus* (*Genitrix* que traduz *Theotókos* do grego), de onde decorre sua incomparável dignidade. Ele a vê como uma virgem majestosa de uma escultura romana. Mãe, ela é também *virgem feita Igreja*. Maria é para Francisco a antecipação, a figura, o ícone da Igreja; o que ela é agora, a Igreja é chamada a se tornar.

A palavra Igreja tem uma dupla significação: comunidade de fiéis e edifício material, onde esta comunidade se reúne (*casa da igreja*, dizia a antiga tradição). Em nosso texto os dois sentidos superpõem-se. Como o povo de Deus e seu ancestral na fé, Abraão, Maria é escolhida; é a eleita do Pai santíssimo do céu, a quem pertence toda iniciativa, porque é princípio e começo de tudo. Da eleição, passa-se à consagração. A imagem da Igreja povo de Deus passa para a imagem da Igreja edifício. O edifício é consagrado com grande solenidade: *o Pai, seu santíssimo Filho bem-amado e o Espírito Santo Paráclito* concelebram esta dedicação. O porquê desta eleição e desta consagração se compreende: a Igreja que é a Virgem Maria abriga em si *toda plenitude de graça e todo bem*. Como não pensar aqui no relato da Anunciação (Lc 1,26-38), onde o Pai envia seu mensageiro a Maria *cheia de graça* e a cobre com a sombra do Santo Espírito para que ela traga em si seu Filho, que é todo bem!

Pelo fato de Francisco identificar Maria com a Igreja, há neste texto um vaivém de uma à outra. O que é afirmado de Maria vale para a Igreja e vice-versa. Os traços atribuídos a Maria encontram-se na Igreja. Maria é uma realização antecipada do que será em plenitude a Igreja no fim dos tempos. Chamando Maria de *Virgem feita Igreja,* Francisco dá a uma e a outra não só os mesmos títulos, mas considera do mesmo modo sua realidade profunda, seu último mistério.

Depois desta contemplação das grandezas de Maria, fundadas em seus laços com o Deus Trindade, Francisco recorre a uma linguagem poética para exprimir sua admiração. Por seis vezes, começando sempre pela palavra *Ave*, vai saudar Maria com diferentes nomes. Os três primeiros referem-se à ideia de um edifício. Alternadamente, Maria é *palácio*: construção espaçosa e suntuosa; *tabernáculo*: tenda sagrada do deserto abrigando a arca da aliança; *casa*: humilde e familiar morada cotidiana. Ela é ainda *veste*: não só, como um edifício, abriga e envolve, mas veste Deus, o reveste com sua humanidade para protegê-lo e embelezá-lo. As duas últimas denominações retomam os vocábulos tradicionais: serva e mãe. *Serva,* o único nome que Maria mesma se dá no relato da Anunciação (Lc 1,38) e no cântico do Magnificat (Lc 1,48). Os outros a chamam de Senhora e Rainha; ela se vê somente como serva, este é seu título de glória. O nome de mãe foi-lhe dado pela primeira vez por sua prima Isabel (Lc 1,43). É porque ela é *a mãe de meu Senhor, que toda plenitude de graça* a inunda e que *todo bem, o Filho único cheio de graça e de verdade* (Jo 1,14), habita nela.

Esse texto — é preciso chamá-lo de oração? — apresenta-nos um quadro em que a *theotókos*, com o rosto da Igreja, também Virgem, reina, mas numa postura de serva, enquanto que o Pai, o Filho e o Espírito a consagram e a coroam. É assim que o *coração puro* de Francisco penetra as profundezas humildes e luminosas do mistério de Maria.

Unida a seu Filho, ao Pai, ao Espírito, Maria continua, contudo, do lado da "multidão imensa de testemunhas", cujo centro é ela, como o prova esta passagem da 1 Reg:

A gloriosa mãe,
a muito bem-aventurada Maria sempre virgem,
os bem-aventurados Miguel, Gabriel e Rafael,
e todos os corações dos bem-aventurados serafins, querubins, tronos,
dominações, principados, potestades,
virtudes, anjos, arcanjos,
o bem-aventurado João Batista, João o evangelista,
Pedro, Paulo, os bem-aventurados patriarcas, profetas,

inocentes, apóstolos, evangelistas, discípulos, mártires,
confessores, virgens,
os bem-aventurados Elias e Henoc e todos os santos que foram e que serão e que são,
nós os suplicamos humildemente por causa de teu amor,
que te rendam graça... como te apraz, a ti Deus soberano e verdadeiro, eterno e vivo, com teu Filho muito querido, nosso Senhor Jesus Cristo,
e o Espírito Santo Paráclito,
nos séculos dos séculos. Amém. Aleluia.

1 Reg 23,6

É um "imenso cortejo de todos os santos" que é invocado aqui. É-lhe pedido, com insistência, *por causa de teu amor que renda graça* ao Pai, ao Filho e ao Paráclito. Pedido seguramente raro. É a constatação da impotência humana de celebrar a Deus como convém, que impõe este recurso às testemunhas já chegadas à verdadeira vida e conhecimento. Maria preside a esta gloriosa liturgia celeste: em torno dela, aglomeram-se os espíritos celestes, dos quais três têm nomes próprios: Miguel, Gabriel, Rafael, e os outros são agrupados nos "nove coros", designados na Escritura.

Entre os santos, o primeiro a ser nomeado é "o maior entre os homens", João Batista acompanhado do Bem-amado, João, o evangelista, que aqui precede a Pedro e a Paulo, os primeiros mencionados na ordem habitual. Francisco deve ter-se lembrado de seu nome de batismo que era João. Seguem, na ordem das ladainhas dos santos, as diferentes categorias que procuram enumerar todas as formas da santidade cristã, sem esquecer a universalidade temporal que liga o passado ao futuro pelo presente: *que foram e que serão e que são*. Dois nomes não habituais, *Elias e Henoc*, evocam *os santos dos últimos dias:* eles que não morreram (Gn 5,24; 2Rs 2,11), devem voltar no fim dos tempos, e os agonizantes os invocam como testemunhas da vida futura.

A contemplação do mistério de Maria no plano de Deus permitiu-nos ver melhor como ela situa-se nas duas vertentes: profundezas trinitárias de uma parte; presença no meio dos homens, de outra. É com ela, mãe de Jesus (At 1,14), que somos chamados a perseverar na oração, que é, antes de tudo, bênção, louvor e ação de graças.

Décimo primeiro dia

LOUVADO SEJAS EM TODAS AS TUAS CRIATURAS

Altíssimo, todo-poderoso, bom Senhor,
  para ti são os louvores, a glória e a honra
  e toda bênção.
  Só a ti, Altíssimo, eles convêm,
  e nenhum homem é digno de dar-te nome.

Louvado sejas, meu Senhor, com todas
  as criaturas,
especialmente o senhor irmão sol,
  que é o dia, e por ele nos iluminas.
  E é belo e radiante com grande esplendor,
de ti, Altíssimo, ele traz o sinal.
Louvado sejas, meu Senhor,
  pela irmã lua e pelas estrelas,
  no céu as formaste,
  claras, preciosas e belas.

Louvado sejas, meu Senhor,
  pelo irmão vento,
  e pelo ar e pela nuvem e pelo céu sereno
  e por todos os tempos,

> *pelos quais às tuas criaturas dás suporte.*
> *Louvado sejas, meu Senhor,*
> > *pela irmã água,*
> > *que é muito útil e humilde,*
> > *e preciosa e casta.*
>
> *Louvado sejas, meu Senhor,*
> > *pelo irmão fogo,*
> > *pelo qual iluminas a noite,*
> > *e ele é belo e alegre, e robusto e forte.*
> *Louvado sejas, meu Senhor,*
> > *pela irmã nossa mãe a terra,*
> > *que nos sustenta e nos governa,*
> > *e produz diversos frutos*
> > *com as flores coloridas e a erva.*
>
> Cântico do Irmão Sol

Um clichê habitual apresenta Francisco como um menestrel alegre, despreocupado, músico e dançarino. O *Cântico do Irmão Sol* seria uma expressão desta leveza de ser. Ora, os testemunhos mais antigos e os mais confiáveis sobre a origem do poema o fazem nascer na saída de uma noite escura.

Estamos em 1225, um ano antes de sua morte. Francisco está doente, acamado, quase completamente cego. Em São Damião, no jardim do mosteiro onde é acolhido e cuidado por Clara, ele acaba de atingir, no curso de uma noite de insônia, o fundo físico e psíquico do sofrimento. Entrado em agonia, tomado de compaixão por si mesmo, escreve o biógrafo, Francisco, pela oração, volta-se para Deus, e num sobressalto de esperança, abre-se à certeza da vida a vir que o espera. O cântico que vai ditar, então, é um canto de vitória sobre o desespero superado, um olhar ainda banhado de lágrimas, mas já pacificado, posto na beleza e harmonia, que Deus cria no universo.

O título dado correntemente ao cântico poderia induzir em erro, fazer crer que se trata de cantar o louvor do criado. Ora, todo o texto é inteiramente voltado para Deus. Com exceção do refrão final *Louvai e bendizei meu Senhor*, é sempre Deus que é interpelado, não as criaturas.

O *Altíssimo, todo-poderoso e bom Senhor*, é invocado antes de tudo em sua exaltação, sua distância: ele é *Senhor* (denominado assim 10 vezes); só a ele pertencem *louvor, glória, honra e toda bênção*, é a ele que a criação deve *louvar, bendizer, agradecer e servir em toda humildade*. Nós estamos sempre nesta atmosfera de louvor, própria da maior parte dos textos de Francisco, quando fala de Deus. A grandeza de Deus não exclui, contudo, a proximidade e a ternura, pois é *um bom Senhor*. De sobra, depois de ter dado quatro títulos ao Senhor, consciente da inacessibilidade de Deus e da incapacidade do homem de apoderar-se dela, dando-lhe nome, Francisco termina pela afirmação: *Nenhum homem é digno de dar-te nome.* Assim é traçado um limite. Tudo na criação e no homem aponta para Deus, tudo fala dele e o revela, mas nada jamais pode encerrá-lo, nem numa palavra, nem numa imagem, nem num conceito. Deus está sempre além, mais longe, noutra parte.

É só a este Deus que convém *o louvor* — revelação de sua manifestação no mundo — por um reconhecimento maravilhado e entusiasta; pois todas as criaturas manifestam algo de sua glória fulgurante. Francisco enumera seis elementos constitutivos de nosso universo familiar. *Dia e noite*, com seus luminares diurnos — *sol* — e noturnos — *lua e estrelas* —; *ar* com seus diferentes estados: vento, nuvem, céu sereno; *água*; *fogo e terra,* com sua vegetação: erva, flores, frutos. Notar-se-á a ausência de animais. Essas realidades associam-se por três pares: o masculino e o feminino sucedem-se.

A essas criaturas são dados, segundo seu sexo simbólico, os nomes de *irmão, irmã, mãe*. Que intuição genial permitiu a Francisco, o primeiro na história, descobrir nos seres inanimados uma sorte de parentesco de sangue? Com efeito, os termos irmãos-irmã-mãe, além da familiaridade e de certa ternura, implicam como base uma mesma matéria e uma mesma origem. Os elementos celebrados são constituídos, como nós, da mesma matéria misteriosa e provêm do mesmo impulso criador. Entre eles e nós, não há descontinuidade radical, mas laços a pôr em evidência.

São assim descritos a beleza, a irradiação e o esplendor de *meu senhor Irmão Sol*. Seu lugar particular é sublinhado pela expressão *meu senhor*: dono, senhor; Francisco vê nele o símbolo por excelência da glória de Deus, de quem *ele traz o sinal*. *A lua e as estrelas*, figuras femininas que "consolam as trevas da noite" (Santo Agostinho) são *claras, preciosas e belas*. Se o *vento* não recebe nenhum qualificativo, Francisco detalha a mobilidade jamais fatigante do céu: *ar, nuvem, céu sereno*. Quanto à *irmã água*, é uma filhinha, *muito útil e humilde, preciosa e casta*. O belo *irmão fogo* ilumina a noite com a alegria que emite seu coração *robusto e forte*. Se nosso irmão sol traz o nome de *meu senhor*, *nossa irmã terra* é também *uma mãe* nutriz, cuja fecundidade: erva, flores, frutos, faz-nos viver e nos encanta.

Louvado sejas, meu Senhor,
  por aqueles que perdoam por amor de ti

> *e suportam doenças e tribulações.*
> *Felizes os que as suportam em paz,*
> *pois, por ti, Altíssimo, serão coroados.*
> *Louvado sejas, meu Senhor,*
> *por nossa irmã a morte corporal,*
> *da qual nenhum homem vivo pode escapar.*
> *Infelizes os que morrerem,*
> *nos pecados mortais.*
> *Felizes os que ela encontrar*
> *em tuas santíssimas vontades*
> *porque a segunda morte não lhes fará mal.*

Depois das estrofes de admiração diante da beleza da criação, que contraste com essas duas últimas! Do mundo dos objetos passa-se ao homem. Não o homem em sua beleza e sua força, mas o homem ferido pela ofensa, atingido pela doença e pela angústia, entregue às garras da morte, *da qual nenhum vivente pode escapar*. Diante da luminosa harmonia das coisas, e em oposição a ela, levanta-se um reino da negatividade: sofrimento humano e seu fim incontornável, a morte. Estas duas estrofes testemunham bem a travessia da noite por Francisco. É do coração de um homem ferido que brota um canto de louvor. Só a revelação do amor permite *perdoar por amor de ti,* esquecer a ofensa, *suportar na paz doença e provação.* No fim do caminho de sofrimento perfila-se a coroa, troféu de vitória.

A própria morte, ternamente chamada de *nossa irmã, a morte corporal,* aparece como domada. Já que não se pode escapar dela, nem entrar em seu escuro mistério, então se abandonar à vontade de Deus, com a segurança de que, o limiar uma vez atravessado, se penetra num lugar em que não há mais morte: *porque a segunda morte não lhes fará mal.* É por isso que, no mesmo movimento anterior, Francisco pode louvar a Deus a partir da passividade humana assumida e que desemboca na esperança.

O caráter luminoso e glorioso da introdução e das seis primeiras estrofes torna-se de repente noturno. Aparece, então, o mundo humano, evocado em sua dimensão trágica: feridas relacionais que é preciso perdoar, doenças, angústia, morte. Contudo, acima deste campo de batalha, faz-se ouvir uma melodia pacificada: ela canta o amor, o perdão, a paz, a coroa de glória, a vontade santíssima de Deus. Por duas vezes, como eco à bem-aventurança dos aflitos e dos perseguidos, volta a palavra *feliz*.

A unidade desse canto em sua harmonia contrastada provém de que duas faces da realidade aí se encontram associadas e reconciliadas. Deus nele manifesta-se no esplendor da criação, como no seio da noite humana quando é assumida. Não se pode eliminar nem uma nem outra. O louvor de Deus pode brotar tanto da contemplação da ordem admirável do criado quanto do mais profundo do sofrimento humano, quando se compreende e se aceita seu sentido oculto.

É a todas as situações que se aplica o convite da última estrofe:

> *Louvai e bendizei meu Senhor,*
> *dai-lhe graças*
> *e servi-o com grande humildade.*

Décimo segundo dia

VER O PAI E O CRISTO PELO ESPÍRITO

O Senhor Jesus disse a seus discípulos:
Eu sou o caminho, a verdade e a vida; ninguém
vem ao Pai senão por mim.
Se me conhecêsseis, conheceríeis
também meu Pai; e doravante o conhecereis e o vistes.
Filipe disse-lhe:
Senhor, mostra-nos o Pai e isso nos basta.
Jesus disse-lhe:
Há tanto tempo estou convosco e não me conhecestes? Filipe, quem me vê, vê também meu Pai.

1ª Admonição

Essa 1ª Admonição apresenta-se como um curto tratado do conhecimento de Deus e de Jesus, em sua história e no sacramento da eucaristia. Esse texto teologicamente denso, marcado com um forte cunho joanino, revela as raízes profundas do verdadeiro conhecimento.

Começa com uma passagem do Evangelho de São João (14,6-9), citada integralmente. Para *conhecer* o Pai, para *vê-lo*, só existe um caminho: *O Senhor Jesus*, caminho, verdade e vida. Os quatro versículos estão centrados sobre o Pai e sobre o Filho. É o caminho do Filho que é preciso tomar emprestado, é a ele que é preciso conhecer e ver. O Filho, porém, não é senão referência ao Pai: seu rosto não é o seu, é o rosto do Pai: *Quem me vê, vê o Pai*. O Filho não substitui o Pai, não ocupa seu lugar; pelo que ele é, revela o Pai.

O Pai habita uma luz inacessível, e Deus é espírito e ninguém jamais viu a Deus.

É por isso que ele não pode ser visto senão no espírito, porque é o Espírito que vivifica; a carne não serve para nada.

O Filho, nem ele também, enquanto igual ao Pai, não é visto por ninguém a não ser pelo Pai, a não ser pelo Espírito Santo.

O Pai não pode ser alcançado senão pelo caminho que é o Filho: conhecê-lo e vê-lo é ver o Pai. Poderia parecer que o conhecimento e a visão do Filho sejam fáceis e acessíveis, mas não é assim. *"Se me conhecêsseis"*, *"vós não me conhecestes"*, é uma repreensão que Jesus dirige a Filipe e a seus companheiros.

A sequência do texto de Francisco aborda esta dificuldade e, longe de resolvê-la, parece nela mergulhar-nos a fundo. Por uma combinação de textos paulinos (1Tm 6,16) e joaninos (4,24;1,18) é-nos afirmada *a inacessibilidade* do Pai que *habita uma luz que cega; ninguém jamais o viu,* porque ele é espírito, que escapa a toda apreensão sensível ou intelectual. Como na passagem precedente havia as palavras: *Pai, conhecer, ver* que o tocavam, aqui há a palavra *espírito*. Deus o Pai, sendo espírito, não pode ser visto senão no espírito, único portador de vida, que não é o caso da carne (Jo 6,64). Dito de outra maneira, a abordagem puramente humana *(a carne)* pelos sentidos não dá acesso ao mistério do Pai. É preciso que intervenha um fator indefinível: sopro, vento, vida que chamamos de *espírito* e que o final da frase identifica com a pessoa do *Espírito Santo*.

Tanto mais que o próprio Filho, revelador do Pai e mediador de seu conhecimento, é também inacessível como o Pai: *enquanto igual ao Pai* (em seu ser divino), *não é visto por ninguém a não ser pelo Pai*. Eis-nos fechados num beco sem saída. O Pai é invisível, só o Filho pode revelá-lo. Mas o próprio Filho que pensamos pegar humanamente escapa, como o Pai, ao nosso abraço. *O Espírito* que permite a visão, permanece, ele também, invisível.

Como sair desse dilema que parece excluir todo conhecimento verdadeiro do mistério, visto aqui em sua dimensão trinitária? Francisco não responderá diretamente, mas descreverá os caminhos pelos quais se chega à plena visão do Senhor Jesus, seja em sua condição terrestre seja em seu estado sacramental.

> *Como outrora, todos os que viram o Senhor Jesus segundo a humanidade e não viram nem creram segundo o espírito e a divindade que ele é o verdadeiro Filho de Deus, são condenados,*
>
> *do mesmo modo, agora também, todos os que veem o sacramento que é santificado pelas palavras do Senhor sobre o altar pela mão do padre, sob a forma do pão e do vinho,*
>
> *e não veem nem creem segundo o espírito e a divindade que são os santíssimos corpo e sangue de nosso Senhor Jesus Cristo, são condenados.*
>
> *O Altíssimo mesmo atestando-o diz:*
>
> *Isto é o meu corpo e o sangue da nova aliança que será derramado por muitos e: Quem come minha carne e bebe meu sangue tem a vida eterna.*
>
> *Desde então, o Espírito do Senhor que habita em seus fiéis, é ele quem recebe os*

santíssimos corpo e sangue do Senhor. Todos os outros, que não participam deste mesmo Espírito e têm a presunção de os receber, comem e bebem seu julgamento.

No curso da existência histórica terrestre de Jesus, seus contemporâneos puderam ver sua humanidade concreta, mas os que ficaram nela, que não entreviram, na luz do Espírito, as profundezas secretas de sua divindade, passaram ao lado de seu mistério de Filho. O puro conhecimento histórico não lhes serviu para nada.

Hoje, quando não conhecemos mais Jesus segundo a carne (2Cor 5,16), em sua condição terrestre, algo de análogo é-nos apresentado: o sacramento do corpo e do sangue. Como outrora, sua carne, histórica, agora é uma realidade empírica completamente ordinária que está aí: pão e vinho, palavras e presença ritual do padre.

As testemunhas daquele tempo foram convidadas *a ver e a crer* (ver e crer na linguagem joanina significa ir a Jesus, alcançá-lo pela fé) segundo o Espírito e a divindade. Do mesmo modo, os crentes de hoje devem dirigir seu olhar além dos elementos materiais e do rito. As palavras do *Altíssimo mesmo* atestam a realidade profunda da eucaristia; *presença: isto é o meu corpo e o sangue da aliança* (Mc 14,22.24); *comunhão: Quem come minha carne e bebe meu sangue tem a vida eterna* (Jo 6,54).

Eis a frase chave da Admonição que responde de certo modo a todas as questões levantadas até aqui, projetando sobre elas uma luz soberana: *Desde então, o Espírito do Senhor que habita em seus fiéis, é ele quem recebe os santíssimos corpo e sangue do Senhor.*

Doravante, o impasse está resolvido. Certamente, o Pai habita sempre uma luz inacessível e nenhum homem pode vê-lo. O Filho, único a revelá-lo, também escapa a um conhecimento segundo a carne, seja em sua condição terrestre, desaparecida para sempre, ou em seu estado sacramental, o único que conhecemos. O Espírito, nem ele também, *não é visto por ninguém a não ser pelo Pai e pelo Filho*, e permanece, por conseguinte, fora de todo alcance; *habita* contudo *nos seus fiéis*. Invisível e inacessível, é ele quem, estranhamente, nos faz ver e experimentar, *segundo o espírito e a divindade*, a realidade secreta da eucaristia: o Senhor crucificado e ressuscitado. Habitando em nós, repousando em nós como no Messias (Is 11,2) e sobre a Virgem Maria (Lc 1,35), ele *recebe*, por nós, *os santíssimos corpo e sangue do Senhor*, isto é, faz-nos discernir (1Cor 11,29) e reconhecer nos elementos e nos ritos a presença viva do Crucificado-Ressuscitado.

Francisco passa agora dessas alturas a uma exortação mais simples, mas sempre baseada numa visão teológica de grande profundidade.

Então, filhos dos homens, até quando este coração pesado? Por que não reconheceis a verdade e não credes no Filho de Deus?

Eis que, cada dia ele humilha-se como quando dos tronos reais veio ao seio da Virgem;

cada dia ele mesmo vem a nós sob uma humilde aparência;

cada dia desce do seio do Pai para o altar nas mãos do padre.

O Filho de Deus está conosco, mesmo se não é mais como "nos dias de sua carne" (Hb 5,7). Se em lugar de ser puro e leve, nosso coração está pesado com as preocupações e cuidados, corremos o risco de passar ao lado da verdade *e não reconhecer o Filho de Deus*. Tanto mais que este glorioso Filho, "que está no seio do Pai" (Jo 1,18) e que se assenta num "trono real" (Sb 18,15), não vem a nós no brilho de sua majestade, mas *sob humildes aparências*, como um banal alimento de cada dia. Ele *humilha-se*, como antigamente quando "tomou carne no corpo de uma virgem", e deixando o seio do Pai, deixa-se pegar por mãos humanas. Francisco vê a eucaristia no prolongamento da kénosis do Servidor. O que os sentidos veem dele não é nem mesmo um corpo humano, por mais humilde e apagado que seja; é uma coisa simples, quase insignificante. Uma tal glória num tal apagamento!

E do mesmo modo que se mostrou aos santos apóstolos numa verdadeira carne, assim se mostra agora a nós no pão sagrado.

E da mesma maneira que eles, pelo olhar da carne, viam só sua carne, mas contemplando com os olhos do espírito, acreditavam que ele é Deus,

assim também nós, vendo o pão e o vinho com os olhos do corpo, vemos e cremos firmemente que eles são seus santíssimos corpo e sangue vivos e verdadeiros.

Uma vez tomada a atitude espiritual que Francisco descrevia, na primeira parte de seu texto, as linhas finais nos parecem límpidas. Elas resumem numa frase os dois estados do Cristo: sua vida terrestre e seu estatuto sacramental atual.

E desta maneira o Senhor está sempre com seus fiéis, como ele mesmo disse: Eis que estou convosco até o fim do mundo.

Nosso movimento circular está terminado. "O caminho, a verdade e a vida" por onde se vai ao Pai está sempre conosco (Mt 28,20). Como o Espírito nos conduz, revelando "as profundezas de Deus" (1Cor 2,10), nós nos comprometemos com ele de coração dilatado, e contemplando de longe o rosto do Filho descobrimos o do Pai. "Quem me vê, vê também meu Pai."

Décimo terceiro dia

O MAIS PURO LOUVOR

*Tu és santo, Senhor Deus,
tu o único, que fazes maravilhas.*

*Tu és forte,
tu és grande,
tu és Altíssimo,
tu és Rei todo-poderoso,
tu, Pai santo,
Rei do céu e da terra.*

*Tu és Trindade e Unidade.
Senhor, Deus dos deuses,
tu és o bem,
todo bem,
supremo bem,
Senhor Deus
vivo e verdadeiro.*
Louvores de Deus

Conserva-se, na Basílica de Assis, um pedacinho de pergaminho, no qual Francisco redigiu com sua própria mão, com uma escrita desajeitada, esta ladainha de puro louvor. Era setembro do ano de 1224; no monte Alverne, onde passava semanas de solidão, um acontecimento extraordinário irrompeu em sua vida. Ele acabava de ser marcado pelos estigmas da Paixão do Cristo, que entreviu, Crucificado e Glorioso, numa visão misteriosa. Seu companheiro preferido, o Frei Leão, afligido por uma provação espiritual, desejava ter, para sua consolação e pacificação, alguma coisa de Francisco. Este, então, quis anotar por escrito os louvores que transbordavam de seu coração. Frei Leão recebeu este escrito como um talismã e o trazia consigo ao longo de toda sua vida.

O que admira, primeiramente, nesse texto, é que nenhuma alusão é feita ao acontecimento da estigmatização, crístico por excelência. A orientação é trinitária, como sempre em Francisco, com a presença do *Pai santo*. Aqui ainda, nenhum pedido, nenhuma ação de graças, em resumo, nenhuma volta sobre si, mas um puro olhar maravilhado pelo esplendor daquele sobre quem o pousa. É um jorro espontâneo, sucessão de palavras simples que se acumulam; elas surgem, contudo, de um fundo de experiência e de longa ruminação.

A *santidade*, alteridade e separação, é a primeira palavra: a majestade *do Senhor Deus* que é *o único* aí se manifesta. A alusão ao Sl 85,10, *tu que fazes maravilhas*, visa todas as intervenções misericordiosas e admiráveis de Deus no mundo. Sem dúvida, Francisco inclui a maravilha secreta que Deus realizou nele, tornando-o conforme a seu Filho Crucificado.

Os atributos que seguem: *forte, grande, Altíssimo, Rei todo-poderoso, Rei do céu e da terra,* sublinham todos a face grandiosa do mistério divino: sua força, sua elevação, seu glorioso reino universal. O terno e respeitoso *Pai santo* tirado da oração sacerdotal de Jesus (Jo 17,11) e que Francisco preza particularmente — ele o utiliza 10 vezes em seus escritos — diz-nos que este Deus de poder é também o Pai de Jesus Cristo e o nosso.

Tendo invocado o Pai, Francisco o vê na comunhão do Filho e do Espírito; o Senhor é, como já foi dito, *Trindade e Unidade*; alteridade e diferença respeitadas e afirmadas, mas que, confluindo para a unidade, não separam, nem dividem. O Senhor é *Deus dos deuses* (Sl 135,2); todos os outros valores além dele, mesmo que fossem supremos e divinizados pelo homem, estão-lhe subordinados, pois "ele domina todos os deuses" (Sl 96,9). Porque só Deus é *o Bem*: que cumula, alegra, faz desfrutar; é para isso que o homem é feito; felicidade que é gerada pela posse do bem. Ele é também *todo bem*; pois tudo nele é bom. E o que existe como bem nas criaturas não é senão vestígio, um reflexo daquele que é *supremo bem*. Reagindo talvez contra estes termos abstratos aos quais teve de recorrer, Francisco reafirma o caráter pessoal, caloroso do Senhor Deus: *ele é vivo e verdadeiro*.

> *Tu és amor, caridade;*
> *tu és sabedoria;*
> *tu és humildade;*
> *tu és paciência;*
> *tu és beleza;*
> *tu és familiaridade;*
> *tu és segurança;*
> *tu és repouso;*
> *tu és alegria;*
> *tu és nossa esperança e júbilo;*
> *tu és justiça;*
> *tu és medida;*
> *tu és toda riqueza suficiente;*
> *tu és beleza;*
> *tu és familiaridade;*
> *tu és protetor;*
> *tu és nosso guarda e defensor;*
> *tu és força;*
> *tu és refrigério;*
> *tu és nossa esperança;*
> *tu és nossa fé;*
> *tu és nossa caridade;*
> *tu és toda nossa doçura;*
> *tu és nossa vida eterna.*

Esta é a ladainha de nomes divinos: vinte e quatro vezes ouvem-se estas duas palavras: *tu és*. Francisco saiu de si, não está mais em si, não vê nada senão o Outro, o *Tu*, cuja inesgotável plenitude de ser e de vida tenta sugerir num balbucio repetitivo. Há uma sequência, uma lógica nesses vinte e sete nomes diferentes que atribui a Deus? Humildemente, no respeito deste poema de amor, sigamos na corrente das associações, cada uma de suas expressões, conforme seu lugar no texto.

Tu és amor, caridade: este é o primeiro nome de Deus, a única definição, se se pode dizer, que a Escritura lhe dá (1Jo 4,16). À expressão bíblica, *caridade*, Francisco acrescenta, em dupla, a palavra corrente de *amor*. Uma e outra expressão proclamam que Deus é êxtase, saída de si, e em sua comunhão interna (Trindade) e em sua paixão pelo mundo, que ele chama, no homem, a tornar-se seu parceiro. O termo *sabedoria* tem um sentido mais complexo. Ao mesmo tempo, experiência de vida e de julgamento, visão superior de tudo, a sabedoria é também, como sugere a etimologia, o sabor, o gosto que se experimenta no encontro com Deus. Francisco é o primeiro a chamar Deus de *humildade*? Por mais glorioso e elevado que seja, Deus mostra-se apagado, escondido, fraco; e ele não se impõe, mas se oferece discretamente, em silêncio. Ele é *paciência*: aquele que sustenta, resiste e permite sustentar e resistir no sofrimento.

A *beleza e a familiaridade* permanecem juntas. Por distração (?) ou antes por insistência, Francisco vai retomar a mesma dupla depois. A *beleza* de Deus é o esplendor e a fascinação que dele emanam e atraem para si todo olhar contemplativo. Esta beleza não é aterradora, acompanhada que é da *familiaridade* (ou mansidão segundo outras traduções). Deus está de certo modo domesticado: acostuma-se com o homem e põe-se em seu nível.

Segurança e repouso são duas noções vizinhas. Só Deus é o abrigo seguro em que o homem pode escapar a todo perigo, a toda ameaça e encontrar a calma e o repouso no relaxamento de todo seu ser. O que disso resulta é expresso pelos atributos seguintes: *alegria, júbilo, esperança. Alegria* é uma manifestação dinâmica da felicidade experimentada; quando se exterioriza em cantos e festa, torna-se *júbilo* ou regozijo. À palavra *esperança*, espera da felicidade prometida e que vem, Francisco ajunta o possessivo plural *nossa*, que voltará em seguida, como para sublinhar que Deus não é só para ele: para mim, mas para todos, para nós. *Justiça e medida* (ou temperança) evocam as duas virtudes cardeais, às quais será acrescentada, mas abaixo, a *força*. Deus é *justiça*: aprecia tudo em seu justo valor; sabendo o que é o homem, manifesta-lhe não primeiramente seu rigor, mas sua vontade de amor e de salvação. Concede seus bens e proporciona suas provações a cada um, conforme o que convém, segundo a *medida*. Esta medida não é ultrapassada senão por seu amor que não conhece medida! Deus é, enfim, *toda riqueza suficiente*. Francisco, o pobre, cantor da pobreza, sabe que ela desaparecerá para dar lugar à infinita superabundância de Deus.

Depois da repetição da dupla *beleza e familiaridade*, que, de todo modo, seja um lapso ou uma repetição voluntária, sublinha a importância para Francisco destes valores, quatro termos exprimem a ideia de proteção baseada na força: *protetor, guarda, defensor, força*. Como um homem forte, Deus protege (gesto maternal) e defende (atitude guerreira); ele é ainda como um pastor que guarda seu rebanho. Pode-se confiar nele, pois não lhe faltam nem o vigor nem a força.

Como mais acima a segurança e o repouso gerariam a alegria, aqui a segurança que o protetor dá produz o *refrigério*; palavra que significa o frescor, ao mesmo tempo que alegre e festivo banquete entre amigos.

Os cinco últimos termos estão todos acompanhados pelo possessivo *nosso*; o orante fala deliberadamente em nome de uma comunidade. Ele aplica a Deus os nomes de três virtudes teologais: *tu és nossa esperança, nossa fé, nossa caridade. A esperança* vem em primeiro lugar, contrariamente à ordem habitual. É Deus que é esta felicidade maravilhosa que tudo no homem espera e chama. Ele é *nossa fé*; sua luz ilumina nossas trevas e permite-nos ver o que é de verdade, além das aparências e das exterioridades. E pela segunda vez é dito *nossa caridade:* no fundo de seu ser não há outra coisa senão o Amor; só este amor permite-nos amar por nossa vez.

Porque ele é assim, para resumir tudo em palavras mais e mais vastas, eis as últimas invocações: *toda nossa doçura, nossa vida eterna.* Esta palavra doçura é talvez a que melhor exprime a experiência subjetiva de Francisco, seu gosto de Deus, sobre o qual é sempre de grande reserva.

> *Grande e admirável Senhor,*
> *Deus todo-poderoso,*
> *misericordioso Salvador.*

O último versículo retoma alguns adjetivos já usados: *grande, todo-poderoso*, e acrescenta dois outros: *admirável, misericordioso*. O Senhor Deus todo-poderoso e grande só pode suscitar, em quem o descobre, um movimento de admiração. A palavra do fim é mais terna: tudo termina e concentra-se na infinita misericórdia daquele que não veio condenar mas salvar: *misericordioso Salvador* (talvez única alusão a Jesus).

A piedade muçulmana conhece uma ladainha de 99 nomes de Deus tirados do Corão e propostos à ruminação do crente. *Os louvores de Deus* de Francisco oferecem-nos 43 e, contando as repetições, 60. Esses nomes convidam-nos a sair dos redemoinhos de nosso eu e a pousar o olhar de um coração puro sobre aquele que é:

> *Deus todo-poderoso,*
> *misericordioso Salvador.*

Décimo quarto dia

NADA DESEJEMOS ALÉM DE DEUS

Amemos todos
de todo nosso coração, de toda nossa alma,
de todo nosso espírito,
de todo nosso poder e de toda nossa força,
de toda nossa inteligência, de todas nossas energias,
de todo nosso esforço, de toda nossa afeição,
de todas nossas entranhas,
de todos nossos desejos e de todas nossas vontades,
o Senhor Deus
que nos deu e nos dá a todos
todo nosso corpo, toda nossa alma e toda nossa vida,
que nos criou, resgatou e que nos salvará
só por sua misericórdia
que a nós, miseráveis e pobres,
pútridos e fétidos, ingratos e maus,
nos fez e nos faz todo bem.

1 Regra 23,8

Nesse final da 1ª Regra, dirigido a todos os homens de todos os tempos, é ao amor de Deus que somos todos convocados. Trata-se de descobrir como e em que Deus nos amou; partindo daí, manifestar-lhe, pela concentração de todos os dinamismos que nos constituem, nosso reconhecimento que é nossa maneira de amar.

Ora, em que se manifesta o amor do *Senhor Deus* para com o homem? *Ele nos deu e nos dá a todos, todo nosso corpo, toda nossa alma, toda nossa vida.* Francisco reconhece que o primeiro dom, fundamento de todo o resto, é o dom da existência constituída de corpo, de alma, de vida. Não se pode acusá-lo de dualismo ou de desprezo pelo corpo: é por causa do corpo e da alma que ele dá graças. Como sua irmã Clara ele pode cantar: *Bendito sejas por me haveres criado!* A mesma constatação reconhecida é retomada numa linguagem teológica: Deus *nos criou, resgatou*, retomando sua obra arruinada pelo pecado; ele a levará à sua perfeição definitiva, *a salvação*. Consciente do fato de que o homem não pode chegar à sua plenitude nem por suas forças, nem por suas obras, Francisco acrescenta: *só a misericórdia* de Deus assegura-nos a salvação. Como se a lembrança destes benefícios fundamentais: dom da existência, resgate, salvação prometida e assegurada, não bastasse e para mostrar que o amor de Deus para com o homem é incondicional, Francisco vai insistir na miséria e na ingratidão humanas. Deus fez e não cessa de fazer bem *a nós miseráveis e pobres, pútridos e fétidos, ingratos e maus*. Essa insistência na corrupção do homem nos surpreende e nos choca. É verdade que ela é como um procedimento literário, para sublinhar, por contraste, o absoluto do amor que ama aquele que, longe de ser amável, é repugnante. É preciso, contudo, notar que entre seis termos utilizados, quatro são citações bíblicas. *Miseráveis e pobres* (Ap 3,17), *ingratos e maus* (Lc 6,35) descrevem efetivamente a condição humana tal qual Deus a vê, o que contudo não o impede de ser bom. O malcheiroso *pútridos e fétidos* é de Francisco e encontra-se em outros lugares em seus escritos (1 Reg 22,6; 2 CF 46). Ele o utiliza para exprimir o desgosto que pode inspirar ao homem um profundo conhecimento de sua podridão.

Deus não é egoísta, fechado em sua própria felicidade. Ele é aquele que *doa* e que *faz o bem* a quem não só não o merece, mas é francamente indigno. Descobrir isso desperta no coração do homem, criado por e *para Deus* como o diz Santo Agostinho, um movimento de reconhecimento, prelúdio e caminho do amor. Retomando o mandamento do amor (Dt 6,5; Mc 12,30), Francisco insistirá na intensidade desse amor que deve levar todo o ser humano, todos seus dinamismos, para este Deus tão bom. Às seis energias espirituais mencionadas na Escritura: *coração, alma, espírito* (componentes espirituais do homem), *poder, força, energias* (vigor com o qual devem desenvolver-se), ele adiciona, de sua própria invenção, outras seis: *inteligência, esforços, vontades* (algo de voluntarista nestas duas últimas), *afeição, entranhas, desejos* (três expressões da afetividade). Embora pareça desconsiderar o homem *miserável e pobre*, ele reconhece, de outro lado, essas extraordinárias riquezas que se escondem nele e que pode empregar para a busca de Deus.

Definitivamente, este texto, que é um canto à glória do amor incondicional de Deus, proclama também a grandeza e a dignidade do homem capaz de se abrir e de se oferecer a um tal amor.

Não desejemos, portanto, nada mais,
não queiramos nada mais, que nada mais nos agrade e nos deleite,
que nosso Criador e Redentor e Salvador.
O único Deus verdadeiro
que é o bem pleno, todo bem, todo o bem,
o verdadeiro e soberano bem, que é o único bom,
terno, amigável, agradável e afável,
o único que é santo, justo, verdadeiro, santo e reto,

que é o único benevolente, inocente, puro,
   de quem e por quem e em quem
é tudo perdão, tudo graça, tudo glória,
   de todos os penitentes
   e de todos os justos,
   de todos os bem-aventurados que se alegram
      juntos nos céus.

Francisco constrange-nos a querer e desejar só a Deus, nada mais. *Querer, desejar*, quer dizer dirigir-nos com todo nosso ser, com todo elã profundo que está em nós, para aquele que é o único *prazer*, a única *deleitação* que satisfaz plenamente. Essas quatro palavras: desejar, querer, comprazer-se, deleitar-se, acentuadas pela expressão *nada mais*, sugerem a existência no coração do homem de uma ferida de desejo insaciado que João da Cruz chama de "chaga deliciosa". A única realidade que pode curá-la, o único verdadeiro prazer e o eterno gozo (deleitação), é o próprio Deus. Para dizer o que Deus é para o homem, Francisco vai acumular, como nos louvores de Deus (meditados no 13º dia), toda uma série de adjetivos, dos quais cada um tentará insinuar algo de seu ser. Em primeiro lugar é assinalada a bondade de Deus: seis abordagens diferentes, ao mesmo tempo sinônimas, bastam apenas para descrevê-la: Deus é *o bem pleno*, ao qual nada falta; ele é *todo o bem*, fora do qual nenhum outro bem existe; *todo bem*, porque tudo nele é bom; *verdadeiro e soberano bem*, que não é nem ilusório, nem enganador e acima do qual não se pode pensar em outro; que *é o único bom*, sendo o protótipo e a fonte de todo o bem que existe fora dele. Francisco era consciente de todos estes sentidos ou se contentava, numa sorte de embriaguez poética, de alinhar palavras uma ao lado da outra?

Depois desse atributo muito geral, quase abstrato, há outros quatro, de conotação mais afetiva, tirados das relações humanas que são referidos a Deus: como um amigo ou talvez um esposo, ele é *terno, amigável, agradável, afável*. Deste registro humano passa-se a um aspecto mais sério: só Deus é *santo*, diferente e separado; *justo*, porque vê e aprecia a realidade conforme é; *verdadeiro*, nele não há aparências enganadoras ou mentirosas; *direito*, porque verdadeiro, ele é direto e leal. Um movimento de alternância leva-nos de novo à *benevolência* (ou benignidade) divina, depois a dois qualificativos que surpreendem: Deus é, para Francisco, *inocente e puro*. Talvez, alusão à eterna e abissal infância de Deus, estando sempre para nascer...

A passagem que segue é muito articulada teologicamente. Descreve a relação que existe entre as diferentes categorias de homens, ou ainda em vida, ou já junto de Deus. O homem é visto aqui segundo três situações: *penitente*: aquele que se compromete com o caminho de conversão permanente; *justo*: já transformado e purificado, prossegue seu caminho para Deus; *bem-aventurado nos céus*: onde celebra a alegria da comunhão junto de Deus. Para os penitentes, Deus é *perdão*; para os justos, *benevolência graciosa*; para os bem-aventurados, *glória resplandecente*.

Assim, para todos, Deus é esse insondável oceano que toma e imerge tudo num imenso gozo e numa festa perpétua. Compreende-se melhor que diante dessa descoberta, todo o resto perde interesse, não pode ser tomado como um absoluto, tudo no máximo é uma aproximação. O *nada* tão frequentemente repetido (como o *nada* de João da Cruz) significa que separado de Deus, o real é vazio e enganador, que ele torna-se obstáculo, muro de separação, cortina. E ainda:

> *que nada nos detém,*
> *que nada nos separa,*
> *que nada se interpõe.*

Diz-se muitas vezes, com leviandade, que contrariamente a João da Cruz, que prega o desapego radical das criaturas, Francisco indica um caminho através da criação. A oposição entre as duas abordagens é artificial; em todo caso, o que precede mostra com evidência que para Francisco também, uma certa abordagem egoísta senão idolátrica do criado, impede o encontro com Deus.

Em toda parte, em todo lugar,
a toda hora e em todo tempo, cada dia
e continuamente,
    todos nós,
cremos verdadeira e humildemente,
e guardamos em nosso coração
e amamos, honramos, adoramos, servimos,
louvamos e bendizemos,
glorificamos e exaltamos acima de tudo,
engrandecemos e damos graças,
    ao altíssimo e soberano Deus eterno,
    Trindade e Unidade,
    Pai e Filho e Espírito Santo,
    Criador de todos e Salvador,
de todos os que creem e esperam nele e o amam,
    ele que é sem começo e sem fim,
    imutável, invisível, indizível, inefável,
    incompreensível, insondável,
bendito, digno de louvor, glorioso, exaltado acima de tudo,
    sublime elevado,
suave, amável, deleitável e totalmente acima de tudo desejável nos séculos dos séculos.
Amém.

Deus é bom para o homem que cumula de seus dons; independentemente desses dons, é em si mesmo desejável e deleitável. Ele permanece, contudo, para todo o sempre, incompreensível *e nenhum homem é digno de dar-lhe nome*. O que resta, então, ao homem é louvá-lo e glorificá-lo. O terceiro apelo que nos atinge como uma grande onda, arrasta-nos às últimas profundezas do mistério. Os termos já encontrados em outro lugar: *altíssimo e soberano Deus eterno, Trindade e Unidade, Pai, Filho, Espírito, Criador e Salvador* designam este mistério para as glórias da tradição cristã. Os que na fé, na esperança e no amor entregam-se a ele, sabem e não sabem ao mesmo tempo quem ele é. Francisco, que para designar Deus emprega uma abundância de palavras (86 títulos em seus escritos!), recorre aqui à linguagem que a teologia chama de apofática ou negativa. Deus é *invisível* aos olhos humanos, *incompreensível e insondável* a toda apreensão intelectual, *indizível e inefável* a todo esforço de linguagem. Em relação à experiência humana da duração e do tempo, ele é *sem começo e sem fim*, subtraído a toda mudança, *imutável*. Então, que se pode dizer daquele que *glorioso é sublime, elevado, exaltado acima de tudo*, senão que é *bendito e digno de louvor.* Diante de um tal abismo, o que convém e se impõe mais é a admiração estupefata, a proclamação incessante de sua beleza, o que a linguagem da Escritura e da liturgia chama de adoração, bênção, louvor. *Louvemos e bendigamos, glorifiquemos e exaltemos acima de tudo, engrandeçamos e rendamos graças*, esta é a atitude doxológica que Francisco propõe segundo sua maneira habitual de celebrar a Deus. Contudo, se o louvor — o prazer de dizer Deus — é mais evidente em Francisco, ele falará também da fé que é uma lembrança humilde do coração: *creiamos humildemente e guardemos em nosso coração*; falará do *amor*, do *serviço* — obediência à palavra — e da reverência devida ao mistério: *honremos, adoremos.*

No final, depois de ter, aparentemente, empurrado "Deus para além de todo criado", ele não deixa de terminar pela evocação da suprema felicidade que a experiência de Deus traz ao homem: este Deus,

> *suave, amável, deleitável e todo inteiro*
> *acima de tudo desejável,*
> *nos séculos dos séculos.*
> *Amém.*

Décimo quinto dia

ENTREGAR TUDO A DEUS

A grande doxologia

*E todos os bens
entreguemos ao Senhor Deus altíssimo e soberano e reconheçamos que todos os bens são dele, rendamo-lhe graça por tudo,
a ele de quem procedem todos os bens.
E ele, altíssimo e soberano, único verdadeiro Deus, que ele tenha, que lhe sejam entregues e que ele receba todas as honras e reverências,
todos os louvores e bênçãos,
todas as graças e toda glória,
ele a quem pertence todo bem,
e que somente ele é bom.*

1ª Regra 17,17,18

O texto que precede joga com duas expressões-chaves: *todos os bens; entreguemos e reconheçamos*. Cada uma é repetida quatro vezes. Como em outros lugares, nós vemos no centro *o Senhor altíssimo e soberano, o único Deus verdadeiro, a quem pertencem e de quem procedem todos os bens, o único que é bom*. Com efeito, como Jesus declarou no Evangelho (Lc 18,19), só Deus é bom. Tudo aquilo a que o homem aplica o termo bom, bondade, não existe plenamente senão nele. Vida, inteligência, amor, comunhão, beleza, festa, doçura, ordem, harmonia, calma, alegria, Deus é fundamentalmente e em primeiro lugar. Quando se encontram manifestações dele no mundo criado — e encontram-se a cada passo — elas jorram sempre da única fonte, *de quem procedem todos os bens*.

O convite tão insistente de Francisco leva a duas atitudes. Primeiramente, *reconhecer* a soberana e única bondade de Deus em Deus, nas próprias profundezas de seu ser. Reconhecê-la em seguida em toda parte na criação: no homem e em sua atividade, na história, no mundo das coisas; em resumo, em toda sua obra, "que passando ele revestiu com sua beleza" (João da Cruz). Isso supõe um olhar e um espírito despertados, atentos, benevolentes, que descubram em toda parte os traços do *único bom*, que com ele se maravilhem e se regozijem.

Este ato de reconhecimento será imediatamente seguido por um ato de desapego. É preciso *entregar*, devolver a Deus o que propriamente pertence só a ele. Se ele nos revela os bens que há nele ou, antes, o Bem que ele é, isso nos encanta mas não nos pertence, porque esta revelação é um dom gratuito, uma graça. Igualmente, a bondade que ele espalha em profusão sobre todas as coisas a que dá existência fora dele — a criação — é ainda mais um dom, uma graça. Certamente é preciso reconhecê-la, admirá-la, ficar feliz como uma criança que recebe um presente. Contudo, mais que se apoderar dela, guardá-la, considerá-la como sua propriedade, é preciso *entregá-la*, apresentar-se diante do Doador, exprimir-lhe um reconhecimento alegre por sua generosidade, *devolver a graça* que recebemos.

Compreendem-se agora melhor as insistências de Francisco: *que ele tenha, que lhe sejam dadas, que ele receba,* bem como os três pares de expressão que seguem. *Honras e reverências*: isto é, respeito, atitude adoradora de quem percebe quem é Deus; *louvores e bênçãos*: cantos de admiração e de felicitação por aquilo que ele é e pelo que faz; *graças e glória*: o que Deus deu graciosamente é-lhe devolvido em ação de graça para louvor de sua glória.

> *Eu suplico, na caridade que é Deus, a todos meus irmãos, que se apliquem a humilhar-se em tudo,*
> *a não se gloriar,*
> *a não se alegrar em si mesmos,*
> *a não se exaltar interiormente*
> > *pelas boas palavras e boas ações*
> > *e absolutamente por nenhum bem*
> > *que Deus faz, ou diz, ou produz às vezes neles e por eles.*
>
> 1ª Regra 17,5-6

Despojar-se alegremente e no louvor de todos os bens recebidos de Deus, reconhecendo que não vêm de nós e que não nos pertencem, esta é a verdadeira pobreza. Conhecendo o coração humano — e primeiramente o seu próprio — Francisco sabe que um tal despojamento não vai por si e sua exortação o testemunha.

Ele constata, em primeiro lugar, que o *bem* acha-se em todo homem. Aliás, ele celebra a excelência do homem, imagem de Deus em seu espírito e em seu corpo, feito para a vida bem-aventurada (5 Adm 1), a quem Deus, em seu amor gratuito, *dá todo seu corpo, toda sua vida* (1 Reg 23,8). Aqui ele vê a expressão deste bem fundamental, que é a existência da pessoa, manifestando-se *nas boas palavras e boas ações*. O discurso e o comportamento humano podem ser justos e bons, conformes à verdade do Evangelho. Contudo, esta bondade inata e verdadeira que o homem descobre em si é dom e obra de Deus. É ele *quem faz, ou diz, ou produz todo bem*. Com finura, Francisco distingue o bem realizado *neles e por eles*. Quando o homem é tomado pelo poder do Evangelho, quando seu coração muda e pouco a pouco se volta para Deus e para o próximo, quando morre em seu egoísmo nativo, a retidão santa e a bondade tornam-se visíveis nele. Ele mostra-se santo, próximo de Deus, semelhante a ele. Esta bondade do novo ser irradiará em torno de si; pelas *boas palavras e boas ações*, comoverá, influenciará e talvez transformará os que encontrar. O justo, o santo é de certo modo contagioso.

Uma tal situação, porém, semelhante à condição de Adão no paraíso, comporta, dada a liberdade do homem e seu desejo profundo, um risco terrível: é a suprema tentação do justo. Consiste *em gloriar-se, em alegrar-se por si mesmo, em exaltar-se interiormente* pelo bem que descobre em si, como se alguém fosse seu proprietário absoluto. Na 8ª Admonição, servindo-se de dois textos da Escritura, Francisco revela o mecanismo desta tentação.

> *O Apóstolo diz:*
> *Ninguém pode dizer: "Jesus é Senhor", senão*
> *no Espírito Santo (1Cor 12,3);*
> *e "nenhum homem que faça o bem,*
> *nem mesmo um só" (Sl 13,3; Rm 3,12).*

É uma tentação de um duplo esquecimento. Esquecimento do fato de que tudo vem de Deus, de seu Espírito, sobretudo quando se trata do próprio coração da fé cristã: confessar a divindade do Cristo. Esquecimento, em seguida, da radical incapacidade do homem, deixado a si mesmo, de fazer o que seja de bom. Estas duas citações de Paulo deixam entrever a que ponto Francisco estava marcado pela visão paulina do homem. Com o Apóstolo, ele compreendeu bem que o coração da pobreza cristã radical era reconhecer no homem separado de Deus a incapacidade para todo bem e a capacidade para todo mal. Só a entrega total de si ao amor misericordioso de Deus abre o caminho para a salvação gratuita.

Não podemos concluir melhor esses quinze dias passados com Francisco do que por uma outra de suas orações, oração que conclui um invitatório, grito final, total saída de si e puro louvor.

Todo-poderoso, santíssimo, altíssimo e soberano Deus,
todo bem, soberano bem, bem total, tu que és o único
   bom, possamos render-te
todo louvor, toda glória,
toda graça, toda honra,
toda bênção e todos os bens:
   Sim, sim. Amém.

Francisco está todo aí, o verdadeiro pobre, não primeiramente de uma pobreza exterior mas ausente de si mesmo, despojado de toda posse de si, de toda pretensão, até de toda virtude, e como que tragado pela santidade e pela bondade que dele se apoderaram. Sua única resposta é o canto livre daquele que, porque nada mais tem de próprio, possui tudo neste Deus que, também pobre, se entrega todo inteiro ao homem.

ÍNDICE

Introdução 5

Siglas utilizadas 11

Quinze dias com Francisco 13

1. Pôr-se a caminho 15
2. A grandeza do miserável 25
3. A alegria perfeita 33
4. O homem fraterno 43
5. A inesgotável misericórdia 53
6. Itinerário espiritual 61
7. O coração puro 69
8. O que vê o coração puro 77
9. O Verbo do Pai 85
10. A gloriosa Senhora e os Santos 93
11. Louvado sejas em todas as tuas criaturas 101
12. Ver o Pai e o Cristo pelo Espírito 109
13. O mais puro louvor 117
14. Nada desejemos além de Deus 127
15. Entregar tudo a Deus 137